MW01701472

# schönberg

# pierrot lunaire

## companion

Cover-Abbildung: Pierrot lunaire op. 21, Nacht. Skizze | Sketch
© Universal Edition A. G., Wien; Arnold Schönberg, 1924

Diese Publikation erscheint anlässlich der Sonderausstellung
»Pierrot lunaire = 100« am Arnold Schönberg Center, Wien
5. Oktober 2012 – 4. Januar 2013

Impressum

Medieninhaber:
Arnold Schönberg Center Privatstiftung
Schwarzenbergplatz 6
A-1030 Wien
www.schoenberg.at

Texte, Zusammenstellung und Redaktion:
Eike Feß | Therese Muxeneder

Universal Edition, Wien
UE 26 313
ISMN 979-0-008-08505-5
UPC 8-03452-06885-3
ISBN 978-3-7024-7174-3
www.universaledition.com

Distributed in North America, Canada and Mexico
by Belmont Music Publishers
BEL-1090
www.schoenbergmusic.com


ISBN 978-3-902012-13-7

Herausgeber und für den Inhalt verantwortlich:
Christian Meyer

Gestaltungskonzept und Satz:
Forte OG, Thomas Stark
Cover: Christoph Edtmayr
Druck: Grasl Druck & Neue Medien GmbH,
Bad Vöslau

Arnold
Schönberg
Center

UE

# Inhalt I Contents

**Pierrot lunaire Ensemble, Berlin 1912**
(v. l. n. r.: Karl Essberger, Emil Telmányi, Arnold Schönberg, Albertine Zehme, Eduard Steuermann, Hans Kindler, Hans W. de Vries)

# Vorwort | Preface

Arnold Schönbergs *Pierrot lunaire*, ein Schlüsselwerk der musikalischen Moderne, entstand 1912 in Berlin im Auftrag von Albertine Zehme. Die Vortragskünstlerin verfolgte mit ihren Rezitationen eine höchst individuelle Ästhetik, darin sie »dem Ohr seine Stellung fürs Leben zurückerobern« wollte.

*Pierrot lunaire* ist zur Zeit seiner Entstehung ein gattungshistorischer Solitär und markiert einen Höhepunkt in Arnold Schönbergs expressionistischer Kompositionsperiode: Der berühmte Melodramenzyklus ist in der extremen Gefahrenzone nachromantischen Komponierens angesiedelt. Pierrot »mit wächsernem Antlitz«, eine bizarre und nervöse Gestalt, verlockt in eine Gegenwelt nächtlicher Phantasmen und auswegloser Passionen. Ein Kosmos klanglicher Schattierungen im farbigen Zwischenreich von Singen und Sprechen.

Uneingeschränkte Tonfreiheit!

Arnold Schönberg composed *Pierrot lunaire*, one of the benchmarks of modern music, in Berlin in 1912. The work was commissioned by Albertine Zehme, whose recitations were marked by a highly individual aesthetic, aiming to "recapture the ear's prerogative in life".

In terms of its genre, *Pierrot lunaire* was historically unique at the time Schönberg composed it and marks the high point of his expressionistic period: the famous melodrama is placed in the extreme danger zone of post-Romantic composition. Pierrot, "with waxen countenance", is a bizarre and nervous figure, enticed into a counterworld of nighttime phantasms and hopeless passions. A cosmos of tonal shading in the colorful realm between singing and speaking.

Unrestricted freedom of tone!

Eike Feß | Therese Muxeneder

# Preface to the score of Pierrot lunaire

**The melody given in the *Sprechstimme* by means of notes is not, except for isolated exceptions that are specially marked, intended for singing. The task of the performer is to transform it into a speech-melody, taking into account the given pitch. This is achieved by:**

**I. Keeping very closely to the rhythm as if you were singing, i.e. with no more freedom than would be allowed with a singing melody;**

**II. Becoming aware of the difference between singing tone and speaking tone: the singing tone unalterably stays on the pitch; whereas the speaking tone gives the pitch but immediately leaves it again by falling or rising. However the performer has to be very careful not to adopt a *singsong* way of speaking. That is not intended at all. In no way should one strive for realistic, natural speech. Quite on the contrary, the difference between ordinary speaking and the kind of speaking involved in a musical form should become obvious. But at the same time it must never be reminiscent of singing.**

**Incidentally, I would like to make the following comment on the performance:**

**It is never the task of the performers to recreate the mood and character of the individual pieces on the basis of the meaning of words, but solely on the basis of the music. To the extent that the tone-painting-like rendering of the events and feelings given in the text was important to the author, it is found in the music anyway. Where the performer finds it is lacking, he should abstain from presenting something that was not intended by the author. Otherwise he would be detracting rather than adding.**

**Arnold Schönberg**

Universal Edition, Wien 1914

# VORWORT.

Die in der Sprechstimme durch Noten angegebene Melodie ist (bis auf einzelne besonders bezeichnete Ausnahmen) n i c h t zum Singen bestimmt. Der Ausführende hat die Aufgabe, sie unter guter Berücksichtigung der vorgezeichneten Tonhöhen in eine S p r e c h m e l o d i e umzuwandeln. Das geschieht, indem er

I. den Rhythmus haarscharf so einhält, als ob er sänge, d. h. mit nicht mehr Freiheit, als er sich bei einer Gesangsmelodie gestatten dürfte;

II. sich des Unterschiedes zwischen G e s a n g s t o n und S p r e c h t o n genau bewußt wird: der Gesangston hält die Tonhöhe unabänderlich fest, der Sprechton gibt sie zwar an, verläßt sie aber durch Fallen oder Steigen sofort wieder. Der Ausführende muß sich aber sehr davor hüten, in eine »singende« Sprechweise zu verfallen. Das ist absolut nicht gemeint. Es wird zwar keineswegs ein realistisch-natürliches Sprechen angestrebt. Im Gegenteil, der Unterschied zwischen gewöhnlichem und einem Sprechen, das in einer musikalischen Form mitwirkt, soll deutlich werden. Aber es darf auch nie an Gesang erinnern.

Im übrigen sei über die Ausführung folgendes gesagt:

Niemals haben die Ausführenden hier die Aufgabe, aus dem Sinn der Worte die Stimmung und den Charakter der einzelnen Stücke zu gestalten, sondern stets lediglich aus der Musik. Soweit dem Autor die tonmalerische Darstellung der im Text gegebenen Vorgänge und Gefühle wichtig war, findet sie sich ohnedies in der Musik. Wo der Ausführende sie vermißt, verzichte er darauf, etwas zu geben, was der Autor nicht gewollt hat. Er würde hier nicht geben, sondern nehmen.

ARNOLD SCHÖNBERG.

**Villa Lepcke, Berlin-Zehlendorf**
Geburtshaus des *Pierrot lunaire*
Birthplace of *Pierrot lunaire*

**Arnold Schönberg, 1912**
Foto: Hugo Erfurth

# Pierrot lunaire | Dramatis personae | Synopsis

**Arnold Schönberg (1874, Wien – 1951, Los Angeles)** → Komponist, Schriftsteller, Maler, Lehrer, Theoretiker, Erfinder, Leitfigur der Wiener Schule, Vordenker der Zwölftonmethode, Elementarereignis der neueren Musikgeschichte

**Pierrot lunaire op. 21 (1912, Berlin)** → Melodramenzyklus in drei Teilen (zu je sieben Gedichten) für eine Sprechstimme, Klavier, Flöte (auch Piccolo), Klarinette (auch Bassklarinette), Geige (auch Bratsche) und Violoncello; Spiellänge mit (zwei Satzpausen): ca. 35 (45) Minuten; Gründungsdokument der musikalischen Moderne; auch bekannt als »Nervenzentrum der Musik des frühen 20. Jahrhunderts« (Igor Strawinsky)

**Pierrot (17. Jahrhundert, Bergamo)** → Bühnenfigur der Commedia dell'arte; interkultureller Multimediastar in bildender Kunst, Literatur, Musik und Film; Popularitätshöhepunkt im 19. Jahrhundert; Exzentriker, Melancholiker mit Hang zum Mondlicht, Symbolgestalt für Exaltationen aller Arten

**Albert Giraud (1860, Leuven – 1929, Brüssel)** → (geb. Emile Albert Kayenburgh) Lyriker, Journalist, Verfasser der symbolistischen Gedichtsammlung *Pierrot lunaire: Rondels bergamasques* (1884) im Kontext der belgisch-französischen Fin-de-Siècle-Literatur

**Otto Erich Hartleben (1864, Clausthal – 1905, Salò)** → Schriftsteller, Jurist, zusammen mit Rudolf Steiner Herausgeber einer Literaturzeitschrift, 1892/93 Publikation seiner freien Übertragungen der 50 Gedichte aus Albert Girauds *Pierrot lunaire* ins Deutsche

**Albertine Zehme (1857, Wien – 1946, Naumburg)** → Schauspielerin, Sängerin, Vortragskünstlerin, Stimmbildnerin, Autorin; Auftraggeberin und Widmungsträgerin des *Pierrot lunaire* von Arnold Schönberg, Interpretin der Berliner Uraufführung im Oktober 1912 und der darauf folgenden Europa-Tournee

**Felix Zehme (1849–1924, Leipzig)** → Anwalt (u. a. von Max Reger), Ehemann von Albertine Zehme, Liebhaber der Künste, Financier des *Pierrot lunaire* von Arnold Schönberg

**Eduard Steuermann (1892, Sambor – 1964, New York)** → Pianist, Komponist, Schüler von Ferruccio Busoni und Arnold Schönberg, Interpret sämtlicher Klavierwerke Schönbergs und der Berliner Uraufführung des *Pierrot lunaire* (hier auch Coach von Albertine Zehme)

**Marya Freund (1876, Breslau – 1966, Berlin)** → Mezzosopranistin, Lehrerin, Sängerin der Uraufführung von Schönbergs *Lied der Waldtaube,* Interpretin einer ins Französische rückübersetzten *Pierrot*-Fassung unter Leitung von Darius Milhaud sowie Arnold Schönberg (1920er Jahre)

**Erika Stiedry-Wagner (1890, Wien – 1974, Zürich)** → Schauspielerin, Sängerin, *Pierrot*-Interpretin zahlreicher von Schönberg geleiteter Aufführungen in den 1920er Jahren sowie der Schallplatteneinspielung von 1940 in New York unter dem Dirigat des Komponisten

Die Textarchitektur der Melodramen – ein Genre im »farbigen Zwischenreich von Singen und Sprechen« – ist auf eine »allegorische Parabel über Künstler und Künstlertum « (Reinhold Brinkmann) gerichtet. Pierrot »mit wächsernem Antlitz«, eine bizarre und nervöse Gestalt, verlockt in eine artistische Gegenwelt voll auswegloser Passionen, denen schmerzvoll zu erliegen er selbst auserkoren ist. Der androgyne Pierrot vereinigt als neurotischer Narziss seelische Kontraste in sich. Er gibt sich als Leidender und Sadist, an dessen schwarzem Rock das Stigma des Mondflecks als Zeichen vom Anderssein haftet.

Im I. Teil der in Schönbergs Opus 21 vereinigten 3 × 7 Gedichte dominiert die Thematik des Künstlers, dessen Gedankenwelt und Schaffensimpulse durch den Mond symbolisiert werden. Der II. Teil senkt sich nach einer »todeskranken« Eintrübung des Mondlichts tief und tiefer in das Schattenreich des Todes hinab. In dem an parodistischen Elementen reichen III. Teil wird die verschollene Heimatwelt beschworen. »Trotzdem sie alle grotesk sind, so kann man die drei Theile (nach einigen überwiegenden Nuancen) immerhin mit lyrisch, tragisch und humoristisch überschreiben.« (Ferruccio Busoni, 1913)

Die Interpretation der irrealen *Pierrot*-Figur entzieht sich einer gängigen Verstehensroutine und bleibt weitgehend Aufgabe unserer Phantasie. Im Programmheft der Uraufführung stellte Schönberg den Gedichten ein (textlich leicht modifiziertes) *Fragment über absolute Poesie* des deutschen Dichters Novalis voran:

**Es lassen sich Erzählungen ohne Zusammenhang, jedoch mit Assoziation, wie Traum, denken – Gedichte, die bloß wohlklingend und voll schöner Worte sind, aber auch ohne allen Sinn und Zusammenhang, höchstens einige Strophen verständlich, wie Bruchstücke aus den verschiedenartigsten Dingen. Diese wahre Poesie kann höchstens einen allegorischen Sinn im Großen und eine indirekte Wirkung haben.**

Villa Albertine
Gautzsch-Leipzig

Albertine Zehme, 1912

# Pierrot lunaire | Dramatis personae | Synopsis

**Arnold Schönberg (1874, Vienna – 1951, Los Angeles)** → Composer, writer, painter, teacher, theoretician, inventor, leading figure of the Viennese School, pioneer of the twelve-tone method, elementary event in music history

**Pierrot lunaire, op. 21 (1912, Berlin)** → Melodrama cycle in three parts (each with seven poems) for *Sprechstimme* (speaking voice), piano, flute (also piccolo), clarinet (also bass clarinet), violin (also viola) and violoncello; duration (with two breaks between sections): approx. 35 (45) minutes; founding document of musical modernism, also known as the "solar plexus of early 20$^{th}$-century music" (Igor Stravinsky)

**Pierrot (17$^{th}$ century, Bergamo)** → Theatre figure in the *commedia dell'arte;* intercultural multimedia star in fine arts, literature, music and film; reached the height of popularity in the 19th century; eccentric, melancholic, with a penchant for moonlight, a symbolic figure for all kinds of exaltations

**Albert Giraud (1860, Leuven – 1929, Brussels)** → (born Emile Albert Kayenburgh) Poet, journalist, author of the collection of symbolist poems *Pierrot lunaire: Rondels bergamasques* (1884) in the context of Belgian-French fin-de-siècle literature

**Otto Erich Hartleben (1864, Clausthal – 1905, Salò)** → Writer, lawyer, co-editor of a literary journal together with Rudolf Steiner, 1892/93 publication of his free translation into German of the fifty poems from Albert Giraud's *Pierrot lunaire*

**Albertine Zehme (1857, Vienna – 1946, Naumburg)** → Actress, singer, reciter, voice trainer, author; commissioned *Pierrot lunaire* by Arnold Schönberg – the work is dedicated to her; performed the Berlin premiere in October 1912 and on the subsequent tour across Europe

**Felix Zehme (1849–1924, Leipzig)** → Lawyer (represented Max Reger, among others), husband of Albertine Zehme, arts enthusiast, financed *Pierrot lunaire* by Arnold Schönberg

**Eduard Steuermann (1892, Sambor – 1964, New York)** → Pianist, composer, studied with Ferruccio Busoni and Arnold Schönberg, performed Schönberg's complete piano works and the premiere of *Pierrot lunaire* in Berlin (coached Albertine Zehme for this work)

**Marya Freund (1876, Breslau – 1966, Berlin)** → Mezzo-soprano, teacher, sang the premiere of Schönberg's *Lied der Waldtaube,* reciter in a version of *Pierrot* translated back into French, conducted by Darius Milhaud as well as Arnold Schönberg (1920s)

**Erika Stiedry-Wagner (1890, Vienna – 1974, Zurich)** → Actress, singer, *Pierrot* reciter at a number of performances conducted by Schönberg in the 1920s and also in 1940 for the first recording in New York, conducted by the composer

The architecture of the text in melodramas – a genre in the "colorful realm between singing and speaking" – is aimed at an "allegorical parable about artists and artistry" (Reinhold Brinkmann). Pierrot, "with waxen countenance", is a bizarre and nervous figure, enticed into an artistic counterworld full of hopeless passions to which he is predestined to painfully succumb. Pierrot is androgynous and as a neurotic Narcissus he unites spiritual contrasts within him. He acts the part of a sufferer and sadist, with the stigma of the Mondfleck [moon's reflection] on his black cloak as a sign of differentness.

The first part of the 3 × 7 poems in Schönberg's Opus 21 is dominated by the theme of the artist whose intellectual world and creative impulse are symbolized by the moon. After the "death-awaiting" darkening of the moonlight, the second part descends deeper and deeper into death's shadowy kingdom. The third part, rich in parodistic elements, is an evocation of the lost homeland. "Even though they are all grotesque, the three parts (according to several prevailing nuances) can at least be titled lyric, tragic and humoristic." (Ferruccio Busoni, 1913)

The interpretation of the unreal *Pierrot* character eludes a routinized understanding and is left largely to our imagination. In the program of the premiere, Schönberg inserted *Fragment über absolute Poesie* by the German poet Novalis – with a slightly modified text – before the poems:

**Narrative can be conceived without connections, but with associations, like a dream – poems that merely sound harmonious and are full of beautiful words, but are also without any sense or connection, at most with a few comprehensible strophes, like fragments of the most diversified things. This true poesy can at most have an allegorical meaning on a large scale and an indirect effect.**

## Vertrag zwischen Arnold Schönberg und Albertine Zehme, 10. März 1912

## Contract concluded between Arnold Schönberg and Albertine Zehme, March 10, 1912

**I.**

**Mr Arnold Schönberg shall compose for Mrs Albertine Zehme from the cycle of poems "Pierrot lunaire" by A. Giraud, translated by Otto Erich Hartleben at least twenty poems as a melodrama with piano accompaniment, possibly accompanied by two other instruments, and is obliged to complete these prior to the beginning of the 1912/1913 season.**

**II.**

**Mr Arnold Schönberg shall award Mrs Albertine Zehme the sole right to perform these compositions in all countries until April 30, 1915. [...]**

**IV.**

**Mrs Albertine Zehme is obliged to publicly perform the aforementioned compositions on at least thirty evenings within the period granted to her, and other works may not be included in the program on these evenings.**

**(→) Albert Giraud / Otto Erich Hartleben: *Pierrot lunaire***
Arnold Schönbergs Kompositionsvorlage
Arnold Schönberg's copy for the composition

# V e r t r a g

welcher zwischen dem Komponisten, Herrn A r n o l d S c h ö n b e r g in Berlin-Zehlendorf einerseits

und

Frau A l b e r t i n e Z e h m e, Berlin andererseits wie folgt geschlossen wurde.

I.

Herr Arnold S c h ö n b e r g komponiert für Frau Albertine Z e h m e aus dem Gedichtzyklus „Pierrot Lunaire" von A. Giraud, übersetzt von Otto Erich Hartleben mindestens zwanzig Gedichte als Melodrame mit Klavierbegleitung, eventuell mit Begleitung von zwei weiteren Instrumenten, und verpflichtet sich, diese bis zu Beginn der Saison 1912/13 fertigzustellen.

II.

Herr Arnold S c h ö n b e r g räumt Frau Albertine Z e h m e das alleinige Aufführungsrecht dieser Kompositionen bis zum 30. April 1915 für alle Länder ein, soferne sie bis zu diesem Zeitpunkt Manuskript bleiben, andernfalls wird Herr Schönberg diese Schutzfrist durch Vereinbarung mit dem betreffenden Verleger bis zu diesem Zeitpunkt zu wahren bemüht sein.

III.

Frau Albertine Z e h m e bezahlt an Herrn Arnold Schönberg hiefür ein Autorenhonorar von 1500 Mk. (fünfzehnhundert Mark), von welchen eine Hälfte, d. i. 750 Mk. bei Vertragsunterzeichnung, die andere Hälfte bei Ablieferung der Kompositionen zu erlegen ist.

IV.

Frau Albertine Zehme verpflichtet sich, innerhalb

# Pierrot lunaire

## 3) Der Dandy

3) Mit einem phantastischen Lichtstrahl
Erleuchtet der Mond die krystallnen Flacons
Auf dem schwarzen, hochheiligen Waschtisch
Des schweigenden Dandys von Bergamo.

In tönender, bronzener Schale
Lacht hell die Fontaine, metallischen Klangs.
Mit einem phantastischen Lichtstrahl
Erleuchtet der Mond die krystallnen Flacons.

Pierrot mit dem wächsernen Antlitz
Steht sinnend u. denkt: wie er heute sich schminkt.[2]
Fort schiebt er das Rot u. des Orients Grün
Und bemalt sein Gesicht in erhabenem Stil
Mit einem phantastischen Mondstrahl

Pierrot lunaire

## 35) O alter Duft

(an Theodor Fontane)

O alter Duft – aus Märchenzeit,
Berauschest wieder meine Sinne!
Ein närrisch Heer von Schelmerein
Durchschwirrt die leichte Luft.

---

Ein glückhaft Wünschen macht mich froh
Nach Freuden, die ich lang verachtet:
O alter Duft – aus Märchenzeit,
Berauschest wieder mich!

---

All meinen Unmut gab ich preis;
Aus meinem sonnumrahmten Fenster
Beschau ich frei die liebe Welt
Und träum hinaus in selge Weiten…
O alter Duft – aus Märchenzeit!

## 36) Heimfahrt

(an Paul Scheerbart)

Der Mondstrahl ist das Ruder,
Seerose dient als Boot:
Drauf fährt Pierrot gen Süden
Mit gutem Reisewind.

---

Der Strom summt tiefe Skalen
Und wiegt den leichten Kahn.
Der Mondstrahl ist das Ruder,
Seerose dient als Boot.

---

Nach Bergamo, zur Heimat,
Kehrt nun Pierrot zurück;
Schwach dämmert schon im Osten
Der grüne Horizont.
– Der Mondstrahl ist das Ruder.

# Uneingeschränkte Tonfreiheit!

**Ich will dem Ohr seine Stellung fürs Leben zurückerobern. Die Worte, die wir sprechen, sollen nicht allein dem Sinne nach Begriffe werden, sondern sollen uns auch als Klang Anteil am inneren Erlebnis gestatten. Um das zu ermöglichen, müssen wir aber uneingeschränkte Tonfreiheit haben. Keine der tausend Schwingungen zum Gefühlsausdruck zu benutzen darf verwehrt sein. Ich fordre nicht Gedanken-, sondern Tonfreiheit!**

(Albertine Zehme, Programmbroschüre eines Rezitationsabends mit *Pierrot*-Liedern von Otto Vrieslander, 4. März 1911, mit einem Essay der Interpretin »Warum ich diese Lieder sprechen muss«)

**Sehr geehrter Herr, Herr Gutmann teilt mir eben die sehr erfreuliche Nachricht mit, daß Sie sich für die Lieder des Pierrot lunaire interessieren und Ihr Genie in den Dienst der wundervollen Sachen von O. E. Hartleben stellen wollen – ich bin hochbeglückt darüber, und ich bitte um Gelegenheit, Sie persönlich kennen zu lernen, am 6ten Februar geben zu wollen. Ich habe meinen speciellen Vortragsstil auf Grund meiner Mittel: Stimme und Ausdrucks-Möglichkeiten mir herangebildet, und ich möchte Sie gerne mit dem seelischen Instrument, für das Sie Ihre Begabung hingeben wollen, bekannt machen.**

(Albertine Zehme an Arnold Schönberg, 26. Januar 1912)

**Ich bin noch wie berauscht vom gestrigen Tag! Nicht zum Wenigsten von dem was ich von Ihnen am Vormittag gehört habe – aber auch von all dem herrlichen künstlerisch Hohen und Einzigen was die Zukunft mir wie ein Märchenland erscheinen läßt, in welchem alle meine Sehnsucht gestillt werden soll. In mir gährt und schwillt Alles und drängt nach Erlösung, nach Mittheilung. Hier sind alle die Texte, die aus dem Pierrot lunair[e] in Frage kommen. Etwa 22–24 brauchen wir für einen Abend.**

(Albertine Zehme an Arnold Schönberg, 5. Februar 1912)

**Schönberg ist jetzt immer gut gestimmt [...] Er komponiert für eine, wie er sagt, äußerst talentierte Frau, eine Wienerin natürlich (was gut ist kommt von dort), melodramatische Musik zu Gedichten, die sie vorträgt. Schönberg sagte, er habe schon lange an so was gedacht. Die Sache kommt ihm also doppelt günstig entgegen. Die Gedichte sind von Hartleben ins Deutsche**

**übertragene französische: Pierrot und Mond, ich weiß nicht genau, wie der Titel heißt. Ich kenne ein paar. Sie sind sehr zart und schön.**

(Anton Webern an Alban Berg, 11. Februar 1912)

**Gestern, 12. März, schrieb ich das erste von den ›Pierrot lunaire‹- Melodramen. Ich glaube es ist sehr gut geworden. Das gibt viele Anregungen. Und ich gehe unbedingt, das spüre ich, einem neuen Ausdruck entgegen. Die Klänge werden hier ein geradezu tierisch unmittelbarer Ausdruck sinnlicher und seelischer Bewegungen. Fast als ob alles direkt übertragen wäre. Ich bin begierig, wie das weitergeht.**

(Arnold Schönberg, Berliner Tagebuch, März 1912)

**Lieber Herr Schönberg. Ja, ganz so habe ich mirs gedacht. Sie bringen alle Ideale einer Künstlerfantasie in Töne – Es ist wundervoll, mehr kann ich nicht sagen! Ich bin ganz eingesponnen in diese teils süßen, teils die letzten Seelenschreie ausdrückenden Harmonien. Menschen, die leiden, kennen die.**

(Albertine Zehme an Arnold Schönberg, Mitte März 1912)

**Sie glauben nicht wie glücklich mich die *Pierrot*-Lieder machen! Es war ja schon seit Jahren mein stiller Wunsch daß für meine Vortragsart sich ein Musiker interessieren und schreiben möge – die heißesten Wünsche sieht man ja so selten erfüllt – ich verwies mein Verlangen ins Idolland, da hatte es wenigstens Gesellschaft – Daß aber Sie, gerade Arnold Schönberg es sein könnte der meinen Wunsch erfüllt, das haben selbst meine kühnsten Träume mir nicht vorgegaukelt! Sie gehen ja mit ihrer Musik noch weit über meine Ausdrucksmöglichkeiten hinaus, und es wird von jetzt ab nur mein Suchen nach dem, was mir Ihre Musik auslöst, mein Denken und Fühlen ausfüllen.**

(Albertine Zehme an Arnold Schönberg, 12. Juni 1912)

**Liebster Freund, ich bin noch immer gebannt von dem unerhörten Eindruck gestern abends. Deine Melodramen sind unbeschreiblich schön. Diese unsagbar schöne Musik. Dieses Wunder an Klang und Ausdruck. Ich kann unmöglich sagen, dieses oder jenes hat den größten Eindruck gemacht auf mich, nein jede Note, jeder Laut hat mich im höchsten Grade ergriffen. Ich war in ununterbrochener höchster Erregung. Diese Concentration. Der Eindruck Deiner Musik ist eigentlich nicht Gefühlseindruck, ich weiß nicht, was es, wie ich es bezeichnen soll; es ist nur die Musik Beethovens die in dieser Art zu mir spricht. Es verschwindet ganz der Eindruck eines materiellen Klanges. Es ist etwas ganz undefinierbares.**

(Anton Webern an Arnold Schönberg, 17. Oktober 1912)

**Arnold Schönberg, Berlin 1912**

**Arnold Schönberg: *Pierrot lunaire***
Disposition und Besetzung der Melodramen
Disposition and instrumentation plan of the melodramas

| | Klavier | Fl. | Kl. Fl. | Clar. | Bass Clar. | Geige | Br. | Vcll. | | | |
|---|---|---|---|---|---|---|---|---|---|---|---|
| **I.** | | | | | | | | | | | |
| 1) Mondestrunken | Kla | Fl | | | | Gg | | (Vcll) | 3 (4) | ausgiebige Pause | 10 |
| 2) Colombine | Kla. | (Fl) | | (Cl) | | Gge | | | 2 (4) | ausgiebige Pause | 8 |
| 3) Der Dandy | Kl. | | Pic | Cl | | | | | 3 | möglichst kurze Pause | 5 |
| 4) Ein blasses Wäscherin | | Fl | | Cl | | Gge | | | 3 | ohne Pause gleich anschließen | 17 |
| 5) Valse de Chopin | Kla | Fl | | Cl | (BCl) | | | | 3 | Klavier Takte | 3 |
| 6) Madonna | (Kla) | Fl | | | BCl | (Gge) | | Vcll | 3 (5) | ohne Pause | 34 |
| 7) Der kranke Mond | | Fl | | | | | | | 1 | bleibt | 16 |
| **II.** | | | | | | | | | | | 9 |
| 8) Nacht | Kl | | | | BCl | | | Vcll | 3 | große Pause aber im Takt | 21 |
| 9) Gebet an Pierrot | Kl | | | Cl | | | | | 2 | ohne Pause bloß gleich weiter | 1 |
| 10) Raub | | Fl | | Cl | | Gge | | Vcll | 4 | Einschiebung Klavier | 35 |
| 11) Rote Messe | Kl | | Pic | | BCl | | Br. | Vcll | 5 | kurze Pause im Takt) | 12 |
| 12) Galgenlied | | | Pic | | | | Br. | Vcll | 3 | ziemlich lange Pause (im Takt | 37 |
| 13) Enthauptung | Kl | | | | BCl | | Br. | Vcll | 4 | Kl. Cl. Br. Vcll | 18 |
| 14) Die Kreuze | Kla | (Fl) | | (Cl) | | (Gge) | | (Vcll) | 1 (5) | | 29 |
| **III.** | | | | | | | | | | | |
| 15) Heimweh | Kl | | | Cl | | Gge | | | 3 | Uebergang | 26 |
| 16) Gemeinheit | Kl | | Pic | Cl | | Gge | | Vcll | 5 | ausgiebige Pause | 27 |
| 17) Parodie | Kl | | Pic | Cl | | | Br. | | 4 | Uebergang | 14 |
| 18) Mondfleck | Kl | | Pic | Cl | | Gge | | Vcll | 5 | kurze Pause | 32 |
| 19) Serenade | Kl | Fl | Pic. | Cl. | | Gg | | Vcll | 2 (5) | Zwsp. | 23 |
| 20) Heimfahrt | Kl | Fl | | Cl. | | Gg | | Vcll | 5 | Zsp. | 24 |
| 21) O alter Duft | Kl | (Fl) | (Pic) | (Cl) | (BCl) | (Gg) | (Br) | (Vcll) | 5 | | 31 |
| | 19 | 10 | 7 | 14 | 5 | 11 | 5 | 13 | | | |

## Unrestricted freedom of tone!

**I want to restore the ear to its position in life. Meaning should be conveyed not only by the words we speak; the sounds should also participate in relating the inner experience. To make that possible, we must have unrestricted freedom of tone. Emotional expression should not be denied any of the thousands of oscillations. I demand not free-thinking, but freedom of tone!**

(Program from an evening recital with *Pierrot* songs by Otto Vrieslander performed by Albertine Zehme on March 4, 1911, with an essay by the reciter, "Why I must speak these songs")

**My dear Sir, Mr Gutmann gave me some very pleasing news a moment ago, that you are interested in the Pierrot lunaire songs and wish to apply your genius to the wonderful creations by O. E. Hartleben – I am highly delighted about this and I request the opportunity to meet you personally on February 6th. I have developed my special style of presentation through my means: my voice and possibilities of expression, and I would like to introduce you to the spiritual instrument to which you wish to devote your talent.**

(Albertine Zehme to Arnold Schönberg, January 26, 1912)

**I still feel intoxicated by yesterday's occurrences! Not least by what I heard from you in the morning – but also by all that magnificently elevated and sole art that makes the future seem to me like a fairy-tale land, in which all my thirst will be quenched.**

(Albertine Zehme to Arnold Schönberg, February 5, 1912)

**Schönberg is presently always in a good mood [...] He is composing melodramatic music set to poems for an – as he puts it – extremely talented woman, naturally from Vienna (all good things come from there), which she will then perform. Schönberg said that he had long contemplated doing something like that. The matter is therefore favorable in two respects. The French poems were translated into German by Hartleben: Pierrot and Moon, I do not know the exact title. I am familiar with a few. They are very gentle and beautiful.**

(Anton Webern to Alban Berg, February 11, 1912)

**Yesterday, (March 12), I wrote the first of the 'Pierrot lunaire' melodramas. I believe it turned out very well. This provides much stimulation. And I am, I sense it, definitely moving towards a new way of expression. The sounds here**

**truly become an instant animalistic expression of sensual and psychological emotions. Almost as if everything were transmitted directly. I am anxious to see how this is going to continue.**

(Arnold Schönberg, Berlin Diary, March 1912)

**Dear Mr Schönberg. Yes, that is exactly what I had imagined. You put all ideals of an artist's fantasy into sounds – It is wonderful, I can't say anything else! I am entirely cocooned by these harmonies, partly sweet and partly expressing the soul's final screams. People who have encountered suffering will be familiar with that.**

(Albertine Zehme to Arnold Schönberg, Mid-March 1912)

**You will not believe how happy the *Pierrot* songs make me! For years it was my silent wish that a musician would be interested in my style of presentation and would like to write for me – one's dearest wishes are so seldom fulfilled – I banished my desire to my land of idols because it at least had company there – but the fact that you, Arnold Schönberg of all people, could be the person who would fulfill my wish, not in my wildest dreams would I have imagined that! Your music goes far beyond my expressive possibilities, and from now on my thoughts and feelings will be filled with my searching for what your music unleashes within me.**

(Albertine Zehme to Arnold Schönberg, June 12, 1912)

**Dearest friend, I am still spellbound by the unprecedented effect of yesterday evening. Your melodramas are indescribably beautiful. This unspeakably beautiful music. This miracle of sound and expression. There is no way for me to say that this or that aspect made the greatest impression on me, no – I was very much affected by every note, every sound. I was in a continual state of great excitement. This concentration. The impression given by your music is actually not an emotional impression, I don't know what, how I should describe it; only the music of Beethoven speaks to me in this way. The impression of a material sound disappears completely. It is something wholly indefinable.**

(Anton Webern to Arnold Schönberg, October 17, 1912)

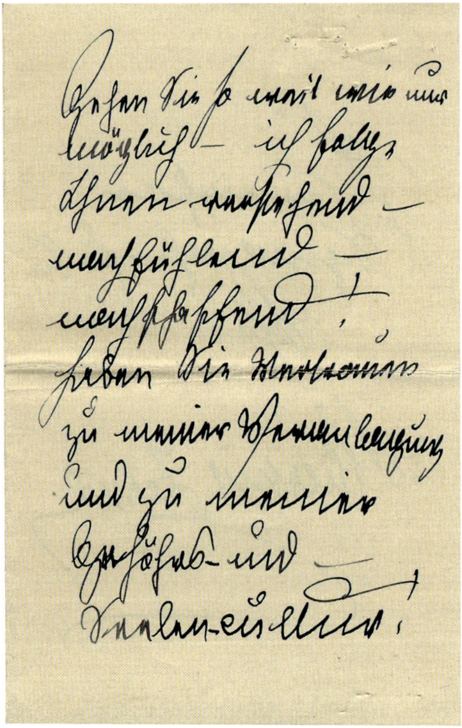
Gehen Sie so weit wie nur
möglich – ich folge
Ihnen verstehend –
nachfühlend –
nachschaffend!
Haben Sie Vertrauen
zu meiner Veranlagung
und zu meiner
Gehörs- und
Seelen-Cultur!

**Albertine Zehme an Arnold Schönberg, 13. Februar 1912**

**Gehen Sie so weit wie nur möglich – ich folge Ihnen verstehend – nachfühlend – nachschaffend! Haben Sie Vertrauen zu meiner Veranlagung und zu meiner Gehörs- und Seelen-Cultur! In wärmster Sympathie für Sie, Ihre Albertine Zehme**

**Albertine Zehme to Arnold Schönberg, February 13, 1912**

**Go as far as at all possible – I will follow you, understanding – empathizing – recreating! Have trust in my particular qualities and my aural/emotional capability! With my warmest sentiments. Yours, Albertine Zehme**

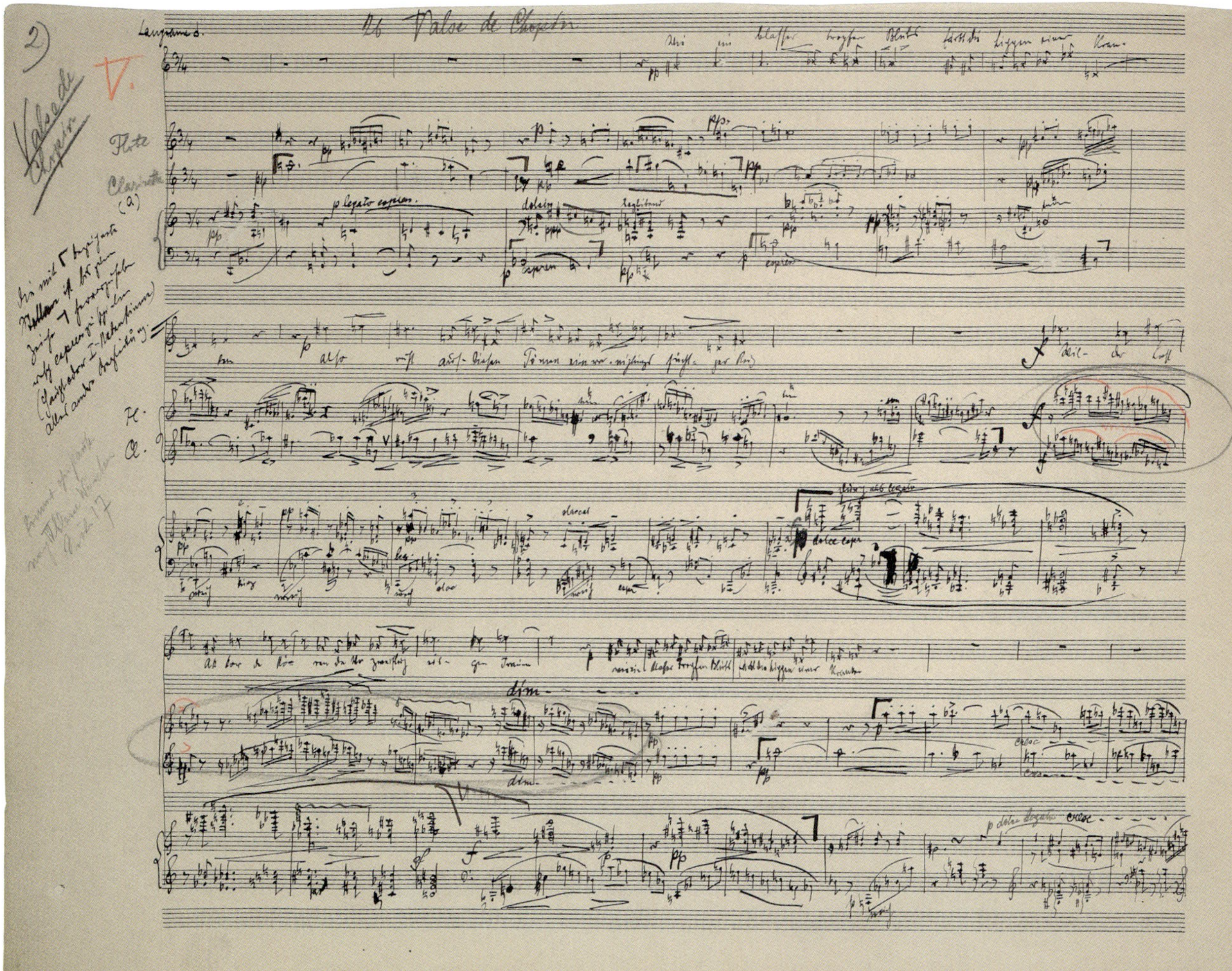

2)
V.
26 Valse de Chopin
Flöte
Clarinette (A)

## Pierrot lunaire ist nicht zu singen!

Als die Schauspielerin Albertine Zehme an Arnold Schönberg den Auftrag zur Vertonung von Girauds *Pierrot lunaire*-Gedichten vergab, setzte sie damit auf ein verbreitetes und beliebtes Genre: Das Melodram als instrumental begleitetes Rezitationstheater erlebte seine erste Blüte im späten 18. Jahrhundert. Georg Friedrich Bendas *Ariadne auf Naxos* (1775) wurde damals als »neue Kunst« gefeiert, »worinnen nicht gesungen wird, wo aber das Orchester gleichsam beständig den Pinsel in der Hand hält, diejenigen Empfindungen auszumalen, welche die Deklamation des Akteurs beseelen.« (*Musikalischer Almanach* 1782) Bald setzte sich die Gattung im Formenrepertoire des Musiktheaters durch, wo sie aus einschlägigen Szenen bei Mozart, Beethoven und Weber bis heute bekannt ist. Große Verbreitung erlangte das Melodram auch in kleinerer Besetzung. Bis ins 20. Jahrhundert hinein widmeten sich neben Schubert, Schumann und Liszt auch weniger bekannte Komponisten dieser aufführungstechnisch attraktiven Abwandlung des Klavierlieds.

Der ausladende, mit großer Geste untermalte Vortrag des Melodrams wurde dabei als Ausdruck seelischer Befindlichkeit weithin akzeptiert. Es entsprach der Theaterpraxis der Zeit, die Stimme zur Unterstreichung von Emotionen wie auch der Satzlogik mit Emphase und hoher modulatorischer Breite einzusetzen. Historische Aufnahmen dramatischer Monologe durch den Schauspieler Alexander Moissi, aber auch Lustspielszenen wie sie von Alexander Girardi überliefert sind, belegen, welch wichtige Rolle die rein klangliche Gestaltung für den Sprechakt spielte. Auch Karl Kraus wuchs noch in dieser Tradition der »erhabenen Diktion« auf, wie sie am Wiener Burgtheater gepflegt wurde. Sein Vortrag zeichnet sich durch manchmal bis ins Lautmalerische reichende Vielgestaltigkeit aus und vermag auch jenseits der Wortverständlichkeit Inhalte der Texte zu transportieren. Nicht umsonst erachtete Schönberg, der manche Lesung von Kraus besucht hatte, den Schriftsteller als »eminent musikalisch«.

Bereits früh fanden Versuche statt, die Deklamation der zur Musik gesprochenen Texte genauer zu fixieren, meist durch Unterstreichung zu betonender Silben, gelegentlich aber auch mit einer eigenen rhythmischen Notation. 1897 entwarf Engelbert Humperdinck für sein Märchenspiel *Die Königskinder* so genannte »Sprechnoten«, welche »Rhythmus und Tonfall der gesteigerten Rede [...] mit der begleitenden Musik in Einklang [...] setzen« sollten. Schönberg übernahm Humperdincks Schreibweise, bei der Notenköpfe durch Kreuze ersetzt werden, erstmals im Schlussteil der *Gurre-Lieder*, danach in den Chorsätzen der *Glücklichen Hand* und der Reinschrift des *Pierrot lunaire*. Später, beispielsweise im *Survivor from Warsaw*, notierte Schönberg den Deklamationsverlauf oft frei im Bereich einer durchgezogenen Linie, was bei rhythmisch exakter Aufzeichnung nur noch eine Andeutung des Tonhöhenverlaufs erlaubte.

Die aufführungspraktische Diskussion um die *Pierrot lunaire*-Melodramen ist von der Frage nach einer angemessenen Realisation der Sprechstimme geprägt. Schönberg unterstreicht, dass die »durch Noten angegebene Melodie [...] nicht zum Singen bestimmt« sei. Das Vorwort der Partitur belegt, dass er an einen artifiziellen, dem Theatergebrauch der Zeit entsprechenden Deklamationsstil dachte, den er allerdings nicht der freien Ausgestaltung eines Schauspielers überlassen, sondern selbst musikalisch fixieren wollte. Zugleich konstatiert er als Wermutstropfen der Schallplattenaufnahme aus den 1940er Jahren, dass Erika Stiedry-Wagner »nie die Töne trifft« (Brief an Erwin Stein, 25. Dezember 1941). Tatsächlich ist die

manchmal weitgehende musikalische Integration der Sprechmelodie in den instrumentalen Satz nur dann hörbar, wenn diese rhythmisch wie im Tonhöhenverlauf akkurat umgesetzt wird. Engelbert Humperdinck zog aus diesem Dilemma die Konsequenz, die Melodramen der *Königskinder* zu Gesangsnummern umzuschreiben. Für Schönberg kam diese Lösung nicht in Frage – das Problem der Sprechstimme beschäftigte ihn Zeit seines Schaffens.

## Pierrot lunaire should not be sung!

When the actress Albertine Zehme asked Arnold Schönberg to set Giraud's *Pierrot lunaire* poems to music, she chose a popular and widespread genre: as a dramatic recitation with instrumental accompaniment, the melodrama initially flourished in the late 18th century. Georg Friedrich Benda's *Ariadne auf Naxos* (1775) was celebrated as "new art" at the time, "in which nothing is sung, but where the orchestra is as it were continually holding a paintbrush to depict the sentiments that breathe life into the declamation of the protagonist." (*Musikalischer Almanach*, 1782) The genre soon gained acceptance as a form in the music theatre repertoire, where it is well-known even today from pertinent scenes by Mozart, Beethoven, and Weber. The melodrama was also popular with smaller ensembles. Until well into the 20th century, alongside Schubert, Schumann, and Liszt, various lesser-known composers used this variant form of the song for voice and piano with its attractive performance qualities.

The expansive presentation of the melodrama, accentuated with grand gestures, was widely accepted as an expression of emotional sensitivities. Theatrical practice at the time invited the voice to be used to emphasize emotions as well as the sentence logic fundamentals with high-level modulatory breadth. Historical recordings of dramatic monologues by the actor Alexander Moissi, and also surviving scenes from comedies with Alexander Girardi document the important role of purely soundoriented shaping for the act of speaking. Karl Kraus also grew up in this tradition of "elevated diction" as cultivated at the Burgtheater in Vienna. His style of presentation is characterized by diversity with certain onomatopoeic elements and is also able to convey the content of the texts beyond the pure understanding of the words. It was not for nothing that Schönberg, who attended several readings by Kraus, deemed the writer "eminently musical."

There were early attempts to set the declamation of the texts to be spoken with music accompaniment more precisely, mostly by underlining the syllables to be emphasized, but occasionally also with their own rhythmic notation. In 1897 Engelbert Humperdinck created "Sprechnoten" [spoken notes] for his fairy tale *Die Königskinder* with the aim "bringing rhythm and inflection of the intensified speech [...] in line with the accompanying music [...]". Schönberg first adopted Humperdinck's style of writing – replacing the note heads with crosses – in the final part of the

*Gurre-Lieder*, and afterwards in the choral writing of *Die glückliche Hand* and the fair copy of *Pierrot lunaire*. Later, for example in *A Survivor from Warsaw*, Schönberg often notated the progression of the declamation freely within a continuous line, which permitted exact notation of the rhythm but only an indication of the pitch progression.

The discussion of practical performance aspects in the *Pierrot lunaire* melodramas is shaped by the question of an appropriate realization of the *Sprechstimme*. Schönberg highlights that the "melody stated by notes [...] is not intended to be sung". The preface to the score establishes that he planned to produce an artificial style of declamation in accordance with theatre customs of the time; however, he preferred to conceive musical settings himself instead of leaving it to free development by an actor. At the same time, he commented on a disadvantage of the disc recording from the 1940s, the fact that Erika Stiedry-Wagner "is never in pitch" (letter to Erwin Stein, December 25, 1941). In actual fact, the sometimes

extensive musical integration of the speech melody into the instrumental scoring is only audible if it is implemented with rhythmic accuracy as in the pitch progression. As a consequence of this dilemma, Engelbert Humperdinck rewrote the *Königskinder* melodramas as songs. This solution was unacceptable to Schönberg – the problem of the *Sprechstimme* preoccupied his thoughts throughout his lifetime.

**Franz Schubert:** ***Abschied von der Erde*** **(1826)**

**Engelbert Humperdinck:** ***Die Königskinder*** **(1897)**

**(→) Arnold Schönberg:** ***Gurre-Lieder***
Teil III, Melodram

**(→ →) Arnold Schönberg:** ***Ode to Napoleon Buonaparte*** **op. 41, 1942**
Skizze der Sprechstimme
Sketch of the speaking voice

Abschied von der Erde (A. von Pratobevera)
Franz Schubert
Langsam, con Pedale, appassionato
pp
cresc.
Leb' wohl, du schö-ne Er-de!
Kann dich erst jetzt ver-stehn, wo Freu-de und wo Kummer an uns vor-über-wehn.
10
Leb' wohl, du Meister Kummer! Dank dir mit nassem Blick.—

Va-ter, gib auf den Gau-ner acht, daß er sich nicht aus der
Pè-re, sur-veil-le bien ce fi-lou qu'il ne s'en ail-le
Fg.
fp
Vc.
L'Hôte (Il interpelle LE FILS DU ROI)
Wirt (ihm nachrufend)
La F. du Roi (se retournant à demi)
Königssohn (halb umkehrend)
Wt.
Ze-che macht! Hört Ihr's? Be-zahlt!
pas sans pay-er! Eh la! Pay-ez!
Ich hab' nichts ver-
Mais je n'ai rien

56
139 II
Sprecher
Sprecher
Clar
Ob
pizz

91 Thine evil deeds are writ in gore,

92 Nor written thus in vain -

93 Thy triumphs tell of fame no more,

94 Or deepen every stain:

95 If thou hadst died as honour dies,

96 Some new Napoleon might arise,

97 To shame the world again -

98 But who would soar the solar height,

8/9 - 17/18

99 To set in such a starless night?

100 Weight in the balance, he RO dust

verse 91 - 95

101 Is vile as vulgar clay:

102 Thy scales, Mortality! are just

103 To all that pass away:

104 But yet, methought, the living great

Washington

105 Some higher spark should animate,

8/9 - 17/18

106 To dazzle and dismay:

107 Nor deem'd Contempt could thus make mirth

108 Of these, the Conquerers of the Earth

slowly (sweet)

109 And she, proud Austrias mournful flower,

110 Thy still imperial bride:

111 How bears her breast the torturing hour?

112 Still clings she to yourside?

## Ich gehe unbedingt … einem neuen Ausdruck entgegen

Die Gestalt des Pierrot und seine Welt der Commedia dell'arte wirkten attraktiv auf Komponisten unterschiedlicher Herkunft und Epochen. Davon zeugen Lieder, Instrumentalstücke und Musiktheaterwerke, die sich der Thematik aus verschiedenen Perspektiven und ästhetischen Standpunkten widmen. Albertine Zehme wollte die Figur bereits 1904 für ihre Auftritte erschließen und beauftragte den Komponisten Otto Vrieslander mit Vertonungen zur Gedichtfolge Albert Girauds in der Übersetzung von Otto Erich Hartleben. Nicht völlig zufrieden mit dem Ergebnis wandte sie sich einige Jahre später an Arnold Schönberg, der damals vor allem als musikalischer Revolutionär berüchtigt war.

Schönberg befand sich 1912 am Zenit einer künstlerischen Entwicklungsphase. Mit den *Fünfzehn Gedichten aus »Das Buch der hängenden Gärten« von Stefan George* op. 15 wie dem letzten Satz aus dem II. Streichquartett op. 10 hatte er eine musikalische Sprache gefunden, welche die Grenzen des Dur/Moll-tonalen Systems durchbrach. Die Jahre um 1910 galten dem Ausloten neu erschlossener musikalischer Räume und der Suche nach eigenständigen, dem gewandelten Vokabular angemessenen Formkonzepten: Schönberg erprobte die Auflösung jeder motivischen Kohärenz im letzten der Drei Klavierstücke op. 11; er gestaltete eine auf harmonischen und instrumentalen Variationen beruhende Klangfarbenmelodie im Orchesterstück op. 16 Nr. 3; in den Sechs kleinen Klavierstücken op. 19 erschloss er äußerste Kürze als Gefäß verdichteten Ausdrucks. Mit dem Monodram *Erwartung* op. 17 schuf Schönberg sein erstes Bühnenwerk, eine seismographische Aufzeichnung emotionaler Extremzustände als »ununterbrochener Wechsel nie gehörter Klänge. Es gibt keinen Takt in dieser Partitur, der nicht ein vollständig neues Klangbild zeigte.« (Anton Webern, *Schönbergs Musik*, 1912)

Zur Zeit des *Pierrot lunaire* verfügte Schönberg über ein beträchtliches Repertoire kompositorischer Techniken und Ausdrucksmöglichkeiten bei einer nachhaltig umformulierten musikalischen Sprachsubstanz. Die in Besetzung, Klangfarbe, Tonsatz, Form/Genres, Symbolik/Semantik stets changierende Gestaltungsweise der Melodramen deutet darauf hin, dass Schönberg mit 21 höchst stilisierten Kabinettstücken in eine Meisterschaft mit sich selbst getreten ist. Jedes einzelne Melodram weist ein eigenes Prinzip auf, darin er »einem neuen Ausdruck entgegen« ging (*Berliner Tagebuch*, 13. März 1912). Die Loslösung von der traditionellen Kadenzharmonik erlaubte ihm, »jeden der 12 Töne« frei von überlieferten Ordnungskriterien einzusetzen: »Und nun sehe Busoni einmal dieses Flöten-Solo aus meinen Pierrot-lunaire-Melodramen an. Ob diese Melodie schön oder gut ist steht nicht zur Diskussion; dass sie es ist behaupte ich hier nicht, sondern glaube es bloß. Aber ob sie nicht der göttlichen Freiheit des schwebenden Kindes mehr entspricht, als was dem Gefängnis seiner Tonreihen entspränge! Hier ist kein Verfahren, als der Einfall [...].« (Randbemerkung in Ferruccio Busonis *Ästhetik der Tonkunst*, 1916)

Igor Strawinsky bewunderte an dem »brillanten Instrumentalwerk« insbesondere dessen handwerkliche Perfektion, »die gesamte kontrapunktische und polyphone Struktur« (Gespräch mit Robert Craft, 1957). Tatsächlich war für den Zyklus zunächst nur eine Klavierbegleitung beauftragt, die jedoch auf Schönbergs Wunsch stetig erweitert wurde. Die variierende Besetzung der Stücke sowie die Verwendung unterschiedlicher Instrumente durch denselben Spieler verwandeln das kleine Ensemble in einen variablen Klangkörper, mit dem für jedes der Stücke eine eigene Welt entsteht.

Der meisterhafte Einsatz moderner Satztechniken wird ergänzt durch virtuose Anspielungen auf die abendländische Musiktradition. Schönberg schöpft hierbei aus einem reichen Fundus historisch tradierten Inventars: Fuge, Kanon, Passacaglia, Variation, Barcarole oder Walzer, verfeinert mittels unzähliger symbolhafter und idiomatischer Referenzen an die Vergangenheit. In dieser Verbindung schlummert bereits ein Keim zur Methode der Komposition mit zwölf nur aufeinander bezogenen Tönen: die kontrapunktisch verflochtene Linie gewinnt Herrschaft über die Harmonie, frischer Geist füllt alte Formen.

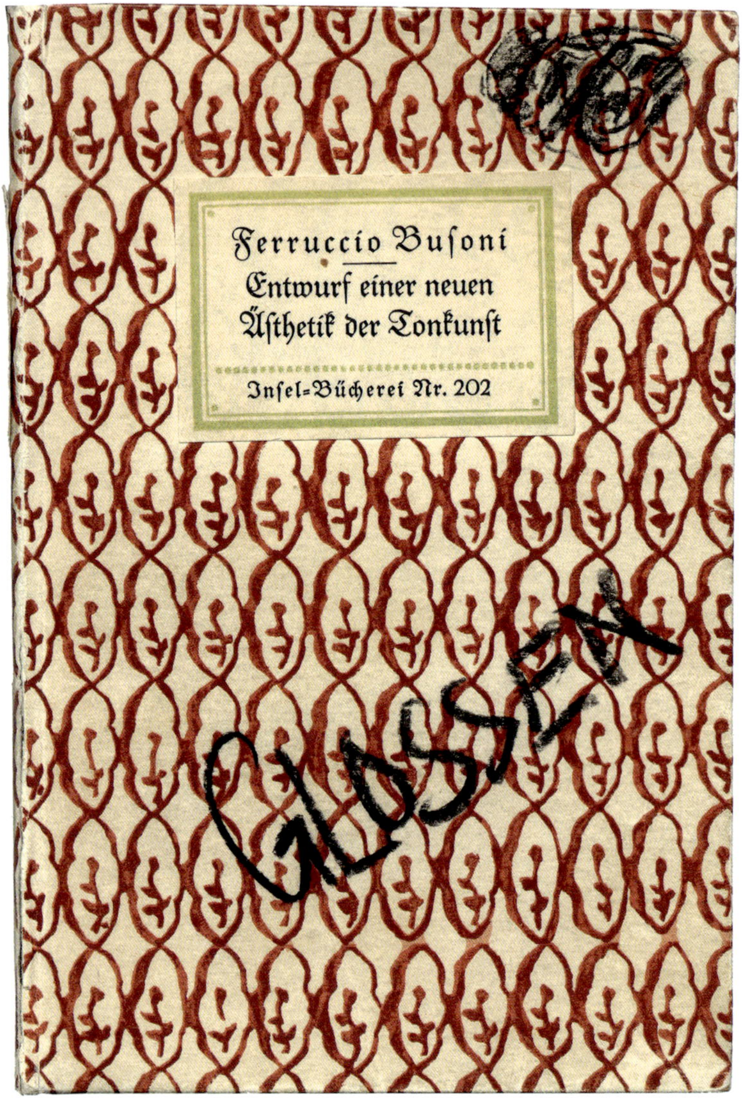


**Ferruccio Busoni: Entwurf einer neuen Ästhetik der Tonkunst, Leipzig 1916**
2. Auflage mit umfangreichen Annotationen von Schönberg
2nd Edition, annotated by Schönberg

Wohin aber würde ein Gesetzgeber die Tonfolgen c des es fes g a h c | c des es f ges a h c | c d es fes ges a h c | c des e f ges a b c | oder gar: c d es fes g



die 113 [illegible] Skalen auf keinem besseren Niveau als die 7 der Alten. Im Gegenteil: die 7 entsprangen einem ursprünglichen Walten des Geistes! die 113 aber entstehen auf trockenem Weg der Konstruktion. Für 7 Tonarten konnte das Gehör sich auch einigen. Bei 113 müsste es versagen (ich möchte gerne ob Busoni seine 113 Tonarten aufsagen könnte). Wenn die 113 festgehalten werden sollen, so müssten ihre Eigentümlichkeiten abstrahiert, formuliert, in Regeln gefasst werden. Angenommen (aber dann wäre der Charakteristik nicht halb so groß) es genügte die Hälfte der Regeln, wie für eine [illegible], dann hätte man noch immer acht-mal so viel Regeln, als Anno ~~1700~~. 1600. – Angenommen, ein Musiker erlernte allmählich diese Regeln und brächte es dahin, sie mit Sicherheit anzuwenden: was sagt dann der [illegible] Künstler dazu; wie verhält er sich zu dieser Freiheit? ~~Wie~~ Wenn er sich z. Bsp. bemühen müsste die Eigentümlichkeit einer Tonart c des es fes ges a h c zu bewahren. Ich kann das natürlich nur mit den mir bekannten Mitteln tun. ~~[illegible]~~, da ich ~~[illegible]~~ diese Tonart nicht erfunden hat Busoni, der [illegible]. Ich [illegible] nicht wie sie behandelt werden könnte; außerdem bin ich gewiss kein Gesetzgeber, [illegible]. Aber wenn ich annehme, es genügte Busoni nicht, eine solche Tonleiter Ton für Ton hintereinander auf [illegible] zu spielen (wie er [illegible]) so denke ich, dass es die erste Aufgabe eines Komponisten wäre, den Hörer zu zwingen, dass er diese Reihe als auf C aufgebaut hört, ihn also zu zwingen C als Grundton zu hören. Melodisch, so kann ich mir vorstellen, könnte das gelingen, indem man ~~[illegible]~~ recht oft mit c beginnt und schließt, ~~[illegible]~~ oder c mit einem Wert mit der „Dominanten" zusammen fallen lässt. z. B.

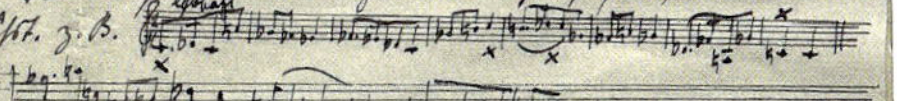

oder:

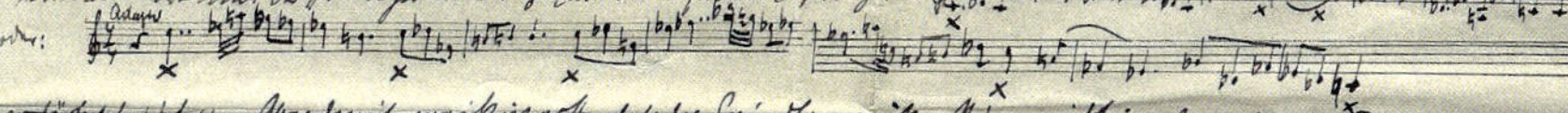

~~[illegible]~~ Aber damit weiß ich erst, dass der Grundton c ist. Wie mühselig, da ja bei 113 Tonarten, in denen alle Verhältnisse [illegible] anders sind, darauf bedacht sein, mit [illegible] Mitteln den Umstand, dass die anderen Töne wirklich des es fes ges a h c sind, ebenso [illegible] herauszuarbeiten. Dann hätte ich aber [illegible] [illegible] Charakteristik, aber keinen [illegible]. Und wenn ich ein [illegible], wird die [illegible] der [illegible] Tonart [illegible], [illegible] ich [illegible] so kann ich gar nicht anders verfahren. Ich möchte [illegible]: [illegible] in der Kunst [illegible}, [illegible]!

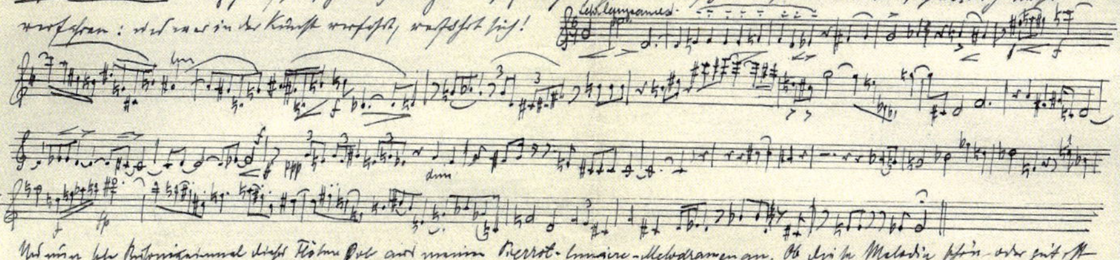

[illegible] diesen [illegible] aus meinem Pierrot-lunaire-Melodramen an. Ob diese Melodie schön oder gut ist, [illegible] nicht zur Diskussion; [illegible], sondern glaube es bloß. [illegible] der göttlichen Freiheit des [illegible] Kindes [illegible], als was [illegible] dem Gefängnis seiner Tonarten entspringe! [illegible], [illegible] (sollte jemand [illegible], so [illegible]); ich habe weder einen Grundton, [illegible], ich durfte jeden der 12 Töne benützen, [illegible] in der [illegible] einer [illegible] Phrasierung zwingen, brauchte keine [illegible], [illegible] zu [illegible]. Und [illegible]: diese Melodie darf wieder nicht fallen, aber [illegible] „[illegible]" ist, [illegible] 113 Tonarten konzentriert, [illegible] jeder gegeben müssen. [illegible] Vorzug der Freiheit, der Busoni [illegible], wenn er ~~[illegible]~~ sagt: „Es scheint mir nicht, dass [illegible] bewusste und geordnete Vorstellung dieser [illegible] [illegible] gefordert habe." [illegible] der Freiheit die er meint, scheint es [illegible] die Gesetzgeber (zu [illegible] und [illegible] der [illegible]), die er vielleicht [illegible], aber nicht – [illegible].

## I am definitely approaching ... a new form of expression

The figure of Pierrot and his world of the *commedia dell'arte* attracted composers from a broad spectrum of origins and epochs. This is illustrated by songs, instrumental pieces and also works for music theatre in which the theme is explored from various perspectives and esthetic standpoints. As early as 1904, Albertine Zehme wished to integrate the character into her performances and commissioned the composer Otto Vrieslander with setting the German translation by Otto Erich Hartleben of Albert Giraud's cycle of poems to music. The result was not entirely satisfactory, and some years later she approached Arnold Schönberg who at the time was notorious as a musical revolutionary.

In 1912 Schönberg was at the zenith of a creative development phase. In the *Fifteen Verses from "The Book of the Hanging Gardens" by Stefan George*, op. 15, and the final movement of String Quartet, No. 2, op. 10, he had found a musical language that transgressed the limits of the major-minor tonal system. The years around 1910 were dedicated to exploring newly tapped musical spaces and the search for independent concepts of form that were suited to the changed vocabulary: in the last of the Three Piano Pieces, op. 11, Schönberg tested the dissolution of any motivic coherence; he created a tone color melody based on harmonic and instrumental variations in the Orchestral Piece, op. 16, No. 3; in the Six Little Piano Pieces, op. 19, he uses extreme brevity as a vessel for condensed expression. The monodrama *Erwartung*, op. 17 [Expectation], was Schönberg's first stage work, a seismographic recording of extreme emotional states as a "continuous succession of sounds never heard before. There is no measure in the score that doesn't demonstrate a completely new sound pattern." (Anton Webern, *Schönbergs Musik*, 1912)

At the time of *Pierrot lunaire*, Schönberg was equipped with a considerable repertoire of compositional techniques and expressive possibilities with a sustainably reformulated substance of musical language. The continually changing style of instrumentation, timbres, compositional technique, form/genres, and symbolism/semantics in the melodramas indicates that Schönberg set himself a challenge in the twenty-one highly stylized masterpieces. Every individual melodrama exhibits its own principle in which he approached "a new form of expression" (Berlin Diary, March 13, 1912). The disengagement from traditional cadence harmony allowed him to use "each of the 12 tones" free from traditional classification criteria:

"Just let Busoni consider this flute solo from my Pierrot lunaire Melodramas. Whether this melody is beautiful or good is not under discussion; I don't claim that it is, but believe it so. But whether it more resembles the divine freedom of a carefree child than that which could arise from the prison of his tone rows! Here there is no procedure other than the inspiration itself [...]." (Marginal note in Ferruccio Busoni's *Ästhetik der Tonkunst*, 1916)

Igor Stravinsky particularly admired the "brilliant instrumental work" for its perfect craftsmanship, "the entire contrapuntal and polyphonic structure" (in conversation with Robert Craft, 1957). In fact, only a piano accompaniment was originally commissioned for the cycle, but this was continually expanded at Schönberg's request. The varying instrumentation of the pieces and also the usage of different instruments by the same player transform the small ensemble into a variable body of sound with which an individual world is created for each of the pieces.

The masterful utilization of modern scoring techniques is supplemented by virtuoso references to the tradition of occidental music. Schönberg draws on a rich fund of sources that have been handed down throughout history: fugue, canon, passacaglia, variation, barcarole or waltz, refined using innumerable symbolic and idiomatic references to the past. In this connection, a seed had been sown for the *Method of composing with twelve tones which are related only with one another*: the contrapuntally entwined musical line gains control of the harmony and a fresh spirit fills timeworn forms.

**Otto Vrieslander:** ***Pierrot lunaire***

**(→) Arnold Schönberg: II. Streichquartett fis-Moll op. 10, 1907/08**
IV. Satz, Skizze (Ausschnitt)
sketch (excerpt)

**(→ →) Arnold Schönberg: Drei Klavierstücke op. 11 Nr. 3, 1909**
Erste Niederschrift
First written copy

# Pierrot Lunaire

Dichtungen von

A. Giraud

ins Deutsche übertragen von

O. E. HARTLEBEN

für eine Singstimme und Klavier

komponiert von

# Otto Vrieslander

EIGENTUM DES VERLEGERS FÜR ALLE LÄNDER

DR. HEINRICH LEWY

MÜNCHEN.

BERLINER MUSIKALIEN DRUCKEREI, CHARLOTTENBURG.

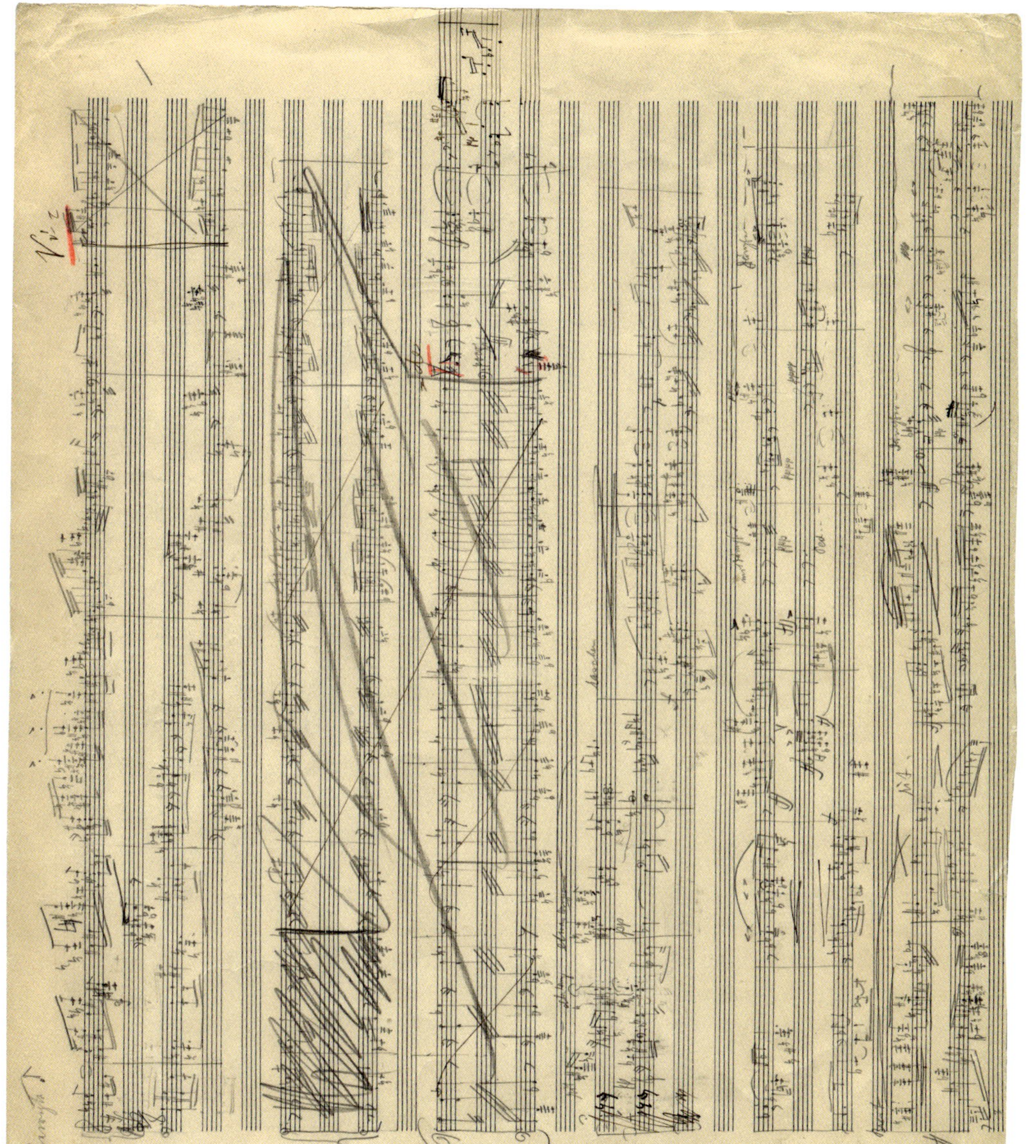

# Nacht – eine Kontrapunktstudie

Auf der klingenden Zeitreise des *Pierrot lunaire* unternahm Schönberg den Versuch, sich kompositorisch »zum Ausgangspunkt zurück« zu wenden, um darin gleichzeitig »eine ganz andere Richtung einzuschlagen« (*Die Jugend und ich,* 1923). Techniken und Formen, deren Entwicklungsgänge auf frühere Jahrhunderte zurückweisen, werden hinsichtlich ihrer »Symptome« auf »Zukunftsgemäßheit« (Schönberg) befragt und neu interpretiert.

Im achten Melodram, *Nacht,* assimiliert Schönberg das alte Variationsmodell der Passacaglia in einem ihm zukunftsgemäßen Ausdrucksspektrum. Die Passacaglia vereint als Hybrid von Satztechnik, Form und Stil Elemente des statischen Ostinato, einer insistierend wiederholten (Bass-) Figur, mit dem Prinzip dynamischer Veränderungen in motivisch-thematisch fundierten Variationen und bildet darin den Typus einer Ostinato-Variation aus. Die Zunahme an Komplexität innerhalb einer Passacaglia beruht auf einem harmonischen, rhythmischen und melodischen Ablaufplan, der das Ostinato-Thema verschiedenartig deutet, indes die Figurationen stets auf den Grundbaustein rückverweisen.

Die Passacaglia-»Urzelle« der *Nacht* besticht durch Kondensation: »Motiv von 3 Tönen = Minimum«, notierte ein Schüler Schönbergs und sah das für die »Zukunft bedeutsame« Element in der artistischen Beherrschung des auf einem dergestalt reduzierten Kern beruhenden Passacaglia-Prinzips in einer mannigfachen variativen Entfaltung begründet. In einem frühen, dem Schönberg-Umfeld entstammenden Dokument zur Entstehung der Zwölftonkomposition wird hervorgehoben, dass in dieser Passacaglia »zum erstenmal etwas in Anwendung gebracht wurde, was für die Weiterentwicklung von Bedeutung ist. [...] Die Entwicklung der hinzutretenden Stimmen wird abgeleitet aus den Möglichkeiten des Zusammenklangs mit der Hauptstimme. Der erste Takt ist aufzufassen als Ausgangspunkt von allem weiteren Geschehen und als Reduktion des Ganzen.«

Kontrapunktisch führt Schönberg das von ihm als »Abwicklung« bezeichnete Prinzip aus: »ein kontrapunktischer Gedanke hat eine Ausgangs-Formulierung, welche eine Kaleidoskop-artige Lagen-Verschiebung der verschiedenen Bestandteile (Themen, Gestalten, Stimmen) zulässt, wobei unter Umständen Vergrößerung und Verkleinerung, und die symmetrischen (oder Spiegel)- Umbildungen mitverwendet werden können. Es erzeugt somit das Grundmotiv zwei oder mehrere Stimmen, welche so

# NACHT

An Otto Julius Bierbaum

Finſtre, ſchwarze Rieſenfalter
Töteten der Sonne Glanz.
Ein geſchloſſnes Zauberbuch,
Ruht der Horizont — verſchwiegen.

Aus dem Qualm verlorner Tiefen
Steigt ein Duft, Erinnrung mordend!
Finſtre, ſchwarze Rieſenfalter
Töteten der Sonne Glanz.

Und vom Himmel erdenwärts
Senken ſich mit ſchweren Schwingen
Unſichtbar die Ungetüme
Auf die Menſchenherzen nieder...
Finſtre, ſchwarze Rieſenfalter.

beschaffen sind (polymorpher Kanon) [→ grafische Analyse der Partitur], dass ausser den doppelten 3- 4- und x-fachen Kontrapunkten der verschiedenen Stufen noch die waagrechten Verschiebungen und [...] Vergrößerung, Verkleinerung und die Spiegelförmigen Umbildungen zulässig sind.« (*Der musikalische Gedanke und die Logik, Technik und Kunst seiner Darstellung*, 1934)

Das aus kleiner sowie großer Terz bestehende Dreitonmotiv überwuchert als Nukleus die ganze Komposition. Das Kanonthema der Baßklarinette (T. 4–5|6), gebildet aus dem **Dreitonmotiv** [1], einer aus dem ersten und dritten Ton dieses Motivs – als abfallender Halbtonschritt – generierten **chromatischen Linie** [2] sowie einer **Septime aufwärts** [3] ist für das Stück Struktur bestimmend. Die drei Segmente kommen in mannigfaltigen Ableitungen zum Einsatz. Der Initialklang konstituiert sich aus Motivschichtungen: Die zweite Note der »Urzelle« bildet im Kleinterzabstand jeweils die Ausgangsnote für Motivtranspositionen (**e-g-es** → g-b-ges → b-des-a → des-e-c → e-g-es → a-c-as).

Wie im Partiturauszug farblich differenziert angedeutet ist, erscheint die erstmals in Takt 1 in der Kontraoktave formulierte Zelle in Grundgestalt (auch lagenversetzt) und Transpositionen, Umkehrungen/Spiegelungen, (intervallischen) Ableitungen, in der Horizontale wie in der Vertikale, melodisch wie als Klang. Im Laufe des 26-taktigen Stückes wird das Ostinato in über 100 Wiederholungen und Modifikationen in ungeahntem Phantasiereichtum formuliert.

Ökonomie der Ausgangsmittel – Transformation – Perfektion.

***Arnold Schönberg: Pierrot lunaire.* Kritische Edition**
(Arnold Schönberg Gesamtausgabe, Berlin)

II. Teil
8. Nacht
(Passacaglia)
Gehende ♩ (ca. 88) *
Kanonthema
Segment [1]
Segment [2]
Baßklarinette [in B]
Violoncello
REZITATION
Gehende ♩ (ca. 88)
Fin- stre, schwarze Rie - sen- fal - ter tö-te-ten der
Imitation
Klavier
G1
Ges
Des
C
E1
Es1
B
A
As
Segment [3]
BsKl [B]
Vcl
Son - ne Glanz.
Ein ge- schloß - nes Zau - - ber - buch,
Etwas rascher
am Steg
(pp aber deutlich hörbar)
ppp gesungen (womöglich die tieferen Noten)
gesprochen
ruht der Ho - ri- zont –
ver- schwie - gen.
Aus dem Qualm ver - lor - ner
[* 1923: Gehende ♩ (ca. 80)]

## Night – a study on counterpoint

On the journey through time taken by the sound in *Pierrot lunaire,* Schönberg made an attempt to turn "back to the point of departure" compositionally in order to also "strike out in an entirely different direction." (*Die Jugend und ich,* 1923). Techniques and forms whose development is rooted in earlier centuries are examined and reinterpreted for "symptoms of up-to-futureness" (Schönberg).

In the eighth melodrama, *Night,* Schönberg assimilates the old variation model of the passacaglia in a range of expression that he considered right for the future. In a blend of scoring technique, form and style, the passacaglia unites elements of static ostinato, an insisting repeated (bass) figure, with the principle of dynamic alterations in variations with a motivic and thematic foundation and creates the fundamental form of an ostinato variation here. The increase in complexity within a passacaglia is based on a harmonic, rhythmic and melodic concept in which the ostinato theme is interpreted in various different ways, while the figuration refers back to the underlying component at all times.

The striking feature of the passacaglia's "basic cell" in *Night* is its condensation: "Motive with 3 notes = minimum" was noted by a pupil of Schönberg, who believed that the element that was "significant for the future" was founded in the artistic mastery of the passacaglia principle that is based on such a reduced core, in an elaboration with manifold variations.

In an early document on the genesis of twelve-tone composition that originates from Schönberg's surrounding environment, it is emphasized that "something was used for the first time in this passacaglia that is significant for further developments. [...] The development of the added voices is derived from the possibilities of harmonious blending with the principal voice. The first bar should be understood as the starting point for all further events and as a reduction of the whole."

The principle described by Schönberg as "unfolding" is handled by him contrapuntally: "for a contrapuntal idea has an initial formulation that permits shifting the position of the various constituents (themes, gestalten, voices) in a kaleidoscopic manner, whereby under certain circumstances augmentation and diminution, and the symmetrical (or mirror) transformations can be used at the same time. Consequently, the basic motive produces two or more voices that are so constituted (polymorphous canon)

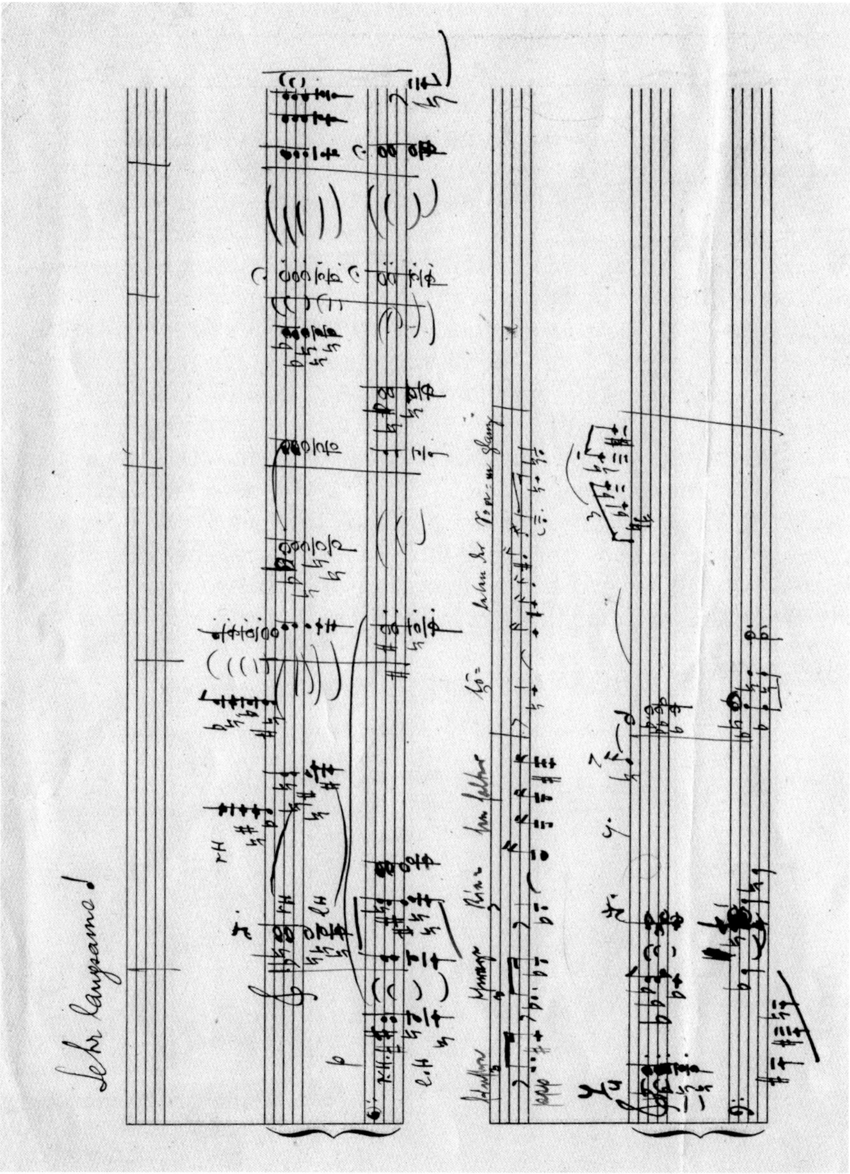

[→ graphical analysis in the score] that besides double, triple, quadruple, and x-multiple counterpoints on various scale degrees, even horizontal shifts and […] augmentation, diminution and mirror transformations are permissible." (*The musical idea and the logic, technique and art of its presentation,* 1934)

The three-tone motive comprising of a minor and major third proliferates the entire composition as a nucleus. The canon theme played by the bass clarinet (bars 4–5|6), formed from the **three-tone motive** [1], a **chromatic line** [2] generated from the first and third notes of this motive – as a descending semitone interval – and also a **rising seventh** [3], is decisive for the structure of the piece. The three segments appear in multiple derivations. The initial sound is constituted of motivic layers: the second note of the "basic cell" forms the starting note for motive transpositions in each case with a minor third interval (**E-G-E♭** → G-B♭-G♭ → B♭-D♭-A → D♭-E-C → E-G-E♭ → A-C-A♭).

As indicated by color differentiation in the score, the cell is formulated for the first time in the contra octave in bar 1 and appears in its basic form (also in different registers) and transpositions, inversions/mirror forms, (intervallic) derivations, both horizontally and vertically, melodic and as sound. In the course of the 26-bar piece, the ostinato is formulated in over 100 repetitions and modifications in undreamed-of imaginativeness.

Economy of original resources – transformation – perfection.

**(←) Arnold Schönberg: *Pierrot lunaire***
Nacht. Skizze
Night. Sketch

**Arnold Schönberg: *Pierrot lunaire***
Nacht. Erste Niederschrift
Night. First written copy

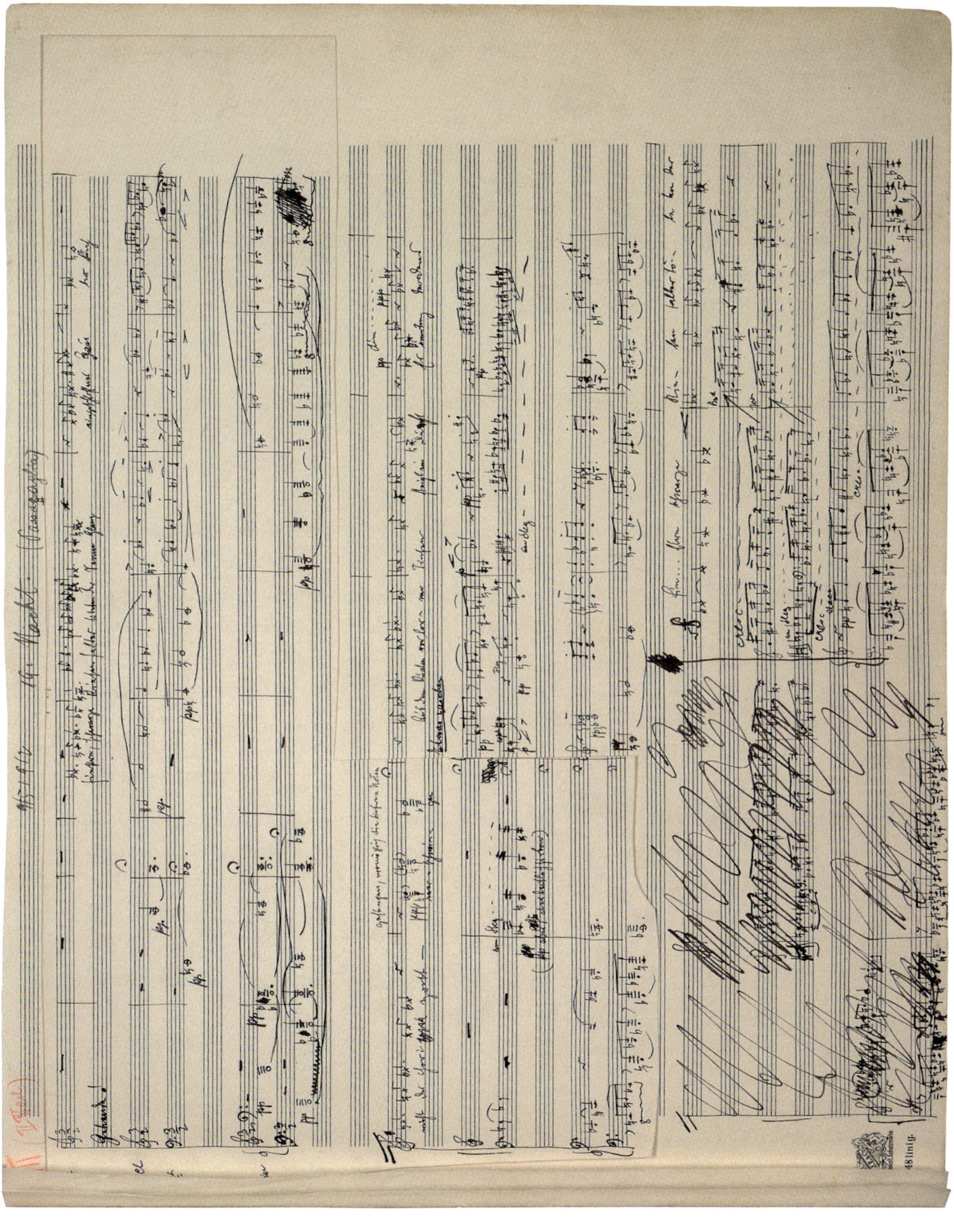

# Pierrot aufführen

**Der *Pierrot* wurde folgendermaßen aufgeführt: auf dem Podium standen zwei es ganz abdeckende Wände, mit einer Öffnung in der Mitte, aus welcher der Solist hervortrat. Frau Albertine Zehme selbst war in ein kaum angedeutetes Pierrot Kostüm gekleidet. Der Dirigent stand unsichtbar innen neben der Öffnung, so dass er die Solistin gerade noch sehen konnte, das ebenfalls verdeckte »Orchester« aber direkt vor sich hatte.**

(Hermann Scherchen, *Mein erstes Leben*)

**Arnold Schönberg ist der verwegenste Phantast unter unseren heutigen Komponisten.**

(*Berliner Allgemeine Zeitung*, 1912)

**Was er klingen lässt, erscheint mir nicht als Ende der Musik. Sondern als ein Anfang neuer Stufungen des Horchens. Vor diesem letzten Werk, das Weltstimmungen und Weltverstimmungen des Mondscheinharlekins mit einer grandios vielfältigen, schweifenden, doch exakten Malerei mit Schluchzen, Schrillheit, Grübeln, Abgrundslaunen in Töne schmilzt: hievor stand als Sprecherin melodramatisch die Zehme; […] sie gab selbstlos, zierlos ein ganzes Menscheninnere.**

(*Pan*, 1912)

**Die Mondscheinwelt? Wo ist sie? Draußen – und drinnen ganz tief in den nächtigen Höhlen unserer Seele, wo hineinzusteigen wir uns fürchten, als wäre es Sünde und Wahnsinn. Schönberg hat das Extreme gewagt …**

(*Pan*, 1912)

**Hier ist endlich ein Musiker, der trotz seiner absolut neuen, teilweise unerhörten Mittel unsere Seele herrlich aufwühlt.**

(*Die Musik*, 1912)

**Diese Musik […] ist mit Eingebungen durchsetzt, die nur ein wahrhaft begabter Komponist findet, ein Komponist, der unter einem inneren Zwange schafft, dessen starke und sehnsüchtige Seele sich durch Nebel und Dunkelheit durchtasten möchte, um neues Land zu finden.**

(*Vossische Zeitung*, 1912)

**Ich war zu beschäftigt mit einer Kopie der Partitur, die Schönberg mir gegeben hatte, um auf irgendetwas anderes acht zu geben. Ich erinnere mich, dass das Publikum sehr still und aufmerksam war, und dass ich mir das von Frau Zehme auch gewünscht hätte, um die Musik hören zu können.**

(Igor Strawinsky, mitgeteilt durch Robert Craft, 1968)

**Ich hatte [...] die Ehre, daß Puccini, kein Sachverständiger, sondern ein Sachkönner, der, bereits krank, eine sechsstündige Reise machte, um mein Werk kennenzulernen, und mir nachher sehr Freundliches sagte: das war schön, auch wenn ihm meine Musik doch fremd geblieben sein sollte.**

(Arnold Schönberg, *Mein Publikum*, 1930)

**Auf Puccini's Besuch der *Pierrot*-Aufführung war ich immer stolz. Es war sicherlich ein Zeichen menschlicher Größe, dass er da zu mir gekommen ist – und eine große Freundlichkeit.**

(Schönberg an Luigi Dallapiccola, September 1949)

***Pierrot lunaire* ist nicht zu singen! Gesangsmelodien müssen in einer ganz anderen Weise ausgewogen und gestaltet werden, als Sprechmelodien. Sie würden das Werk vollkommen entstellen, wenn Sie es singen liessen, und jeder hätte recht, der sagte: so schreibt man nicht für Gesang!**

(Schönberg an Alexander Jemnitz, April 1931)

**Die Tonhöhen im *Pierrot* richten sich nach dem Umfang der Stimme. Sie sind »gut« zu berücksichtigen, aber nicht »streng einzuhalten«. Man kann den Umfang der Stimme in soviel Teile teilen, als Halbtöne verwendet werden; vielleicht ist dann jeder Abstand nur ein ¾-Ton. Das muss aber nicht so pedantisch durchgeführt werden, da ja die Tonhöhen kein harmonisches Verhältnis eingehen!**

(Schönberg an Josef Rufer, Dezember 1923)

**Ich weiss nicht ob Sie die Platten kennen die ich davon gemacht habe. Die sind in gewisser Hinsicht was Tempo und Stimmung und Darstellung und vor allem was das Spiel der Instrumentalisten anbelangt, wirklich gut – sehr gut sogar. Sie sind nicht so gut was das Verhältnis zur Sprecherin darstellt. Ich war ein bisschen geärgert über die Zumutung die Sprecherin zu sehr herauszustreichen, welche ja doch niemals das Thema singt sondern höchstens dazu spricht, währenddem die Themen und alles musikalisch Wichtige doch in den Instrumenten vor sich geht.**

(Schönberg an Hans Rosbaud, Februar 1949)

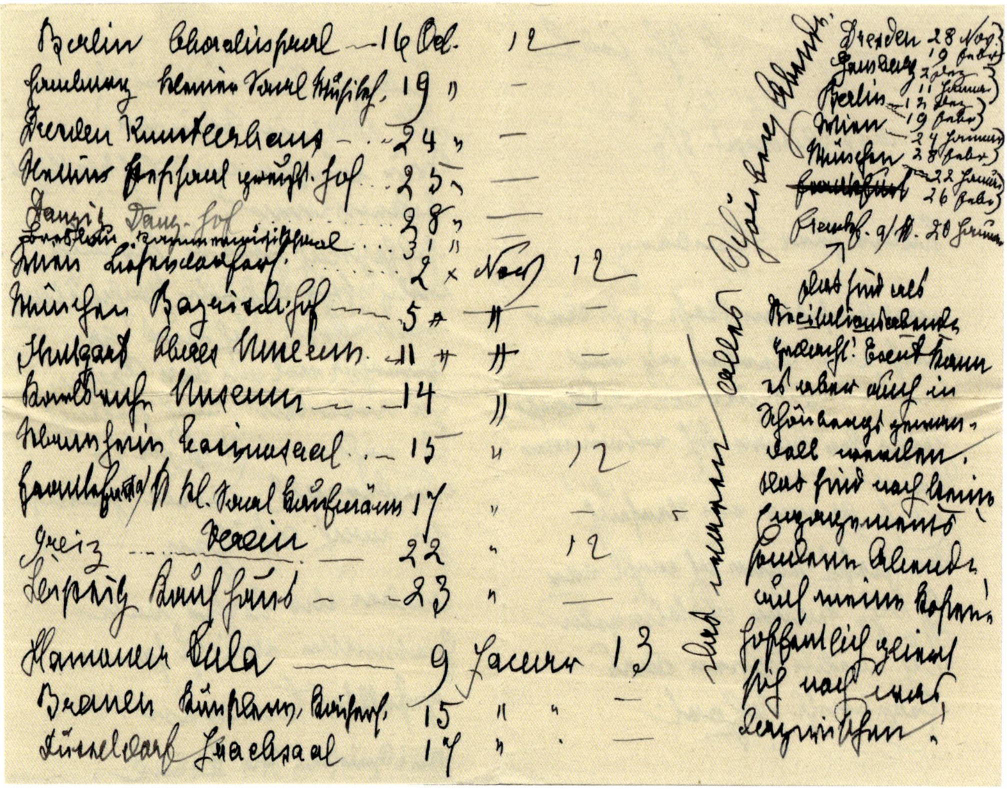

**Albertine Zehme: Stationen der *Pierrot*-Tournee | Tour stops**

**Programm der Uraufführung | Program of the first performance**
Jakob Maliniak wurde ersetzt durch Emil Telmányi
Jakob Maliniak was replaced by Emil Telmányi

Konzert-Bureau Emil Gutmann
Berlin W 35.

# Dreimal sieben Gedichte

aus Albert Girauds

# „Lieder des Pierrot Lunaire"

(deutsch von Otto Erich Hartleben)

für eine Sprechstimme, Klavier, Flöte (auch Pikkolo), Klarinette (auch Baßklarinette), Violine (auch Bratsche) und Violoncell

(Melodramen)

Op. 21

von

# Arnold Schönberg

In drei Teilen

Rezitation: **Albertine Zehme**

Ensemble:

**Eduard Steuermann** (Klavier)
**Jakob Maliniak** (Violine und Bratsche)
**Hans Kindler** (Violoncello)
Kammermusiker **H. W. de Vries** (Flöte nnd Pikkolo)
Kammervirtuose **K. Eßberger** (Klarinette und Baßklarinette)

---

## Aufführung für geladene Gäste

Mittwoch, den 9. Oktober, abends 8 Uhr, Choralion-Saal

## Oeffentliche Uraufführung

Mittwoch, den 16. Oktober, abends 8 Uhr, Choralion-Saal

**Eintrittskarten** à Mark **4, 3, 2** und **1** bei **Bote & Bock,** Leipziger Straße 37 und Tauentzienstraße 7, bei **A. Wertheim,** Leipziger Platz und Tauentzienstraße 7b, sowie abends an der Kasse.

## Performing Pierrot

**_Pierrot_ was performed as follows: on the stage there were two walls that concealed everything, with an opening in the middle from where the soloist came out. Mrs. Albertine Zehme herself was dressed in a hardly discernible _Pierrot_ costume. The conductor stood inside next to the opening, unseen, so that he could just about see the soloist, but had the "orchestra" – likewise concealed – directly in front of him.**

(Hermann Scherchen, *Mein erstes Leben*)

**Arnold Schönberg is the most audacious fantast of all our contemporary composers.**

(*Berliner Allgemeine Zeitung*, 1912)

**The created sounds do not seem to me like the end of music. But rather the beginning of new levels of listening. This last work, in which the world sentiment and world anxiety of the moonlight harlequin are fused with superbly differentiated, sweeping, yet precise painting in music with sobbing, shrillness, musing, abysmal moods: Mrs. Zehme stood before the work melodramatically as the reciter; [...] her performance was selfless, without adornment, from the bottom of her soul.**

(*Pan*, 1912)

**The world of moonlight? Where is it? Outside – and inside down deep in the nighttime hollows of our soul, which we are afraid of entering, as if it were sin and insanity. Schönberg dared to go to extremes ...**

(*Pan*, 1912)

**Here at last is a musician who, despite his wholly new, partially outrageous methods, magnificently stirs up our soul.**

(*Die Musik*, 1912)

**This music [...] is interspersed with inspirations which are only found by a truly talented composer, a composer who writes with internal constraint, whose strong and yearning soul wishes to find its way through mist and darkness in order to discover new territory.**

(*Vossische Zeitung*, 1912)

**I was too occupied with the copy of the score Schönberg had given me to notice anything else. I also remember that the audience was quiet and attentive and that I wanted Frau Zehme to be quiet too, so that I could hear the music.**

(Igor Stravinsky, cited from Robert Craft, 1968)

**I was indeed honoured that Puccini, not an expert judge but a practical expert, already ill, made a six-hour journey to get to know my work, and afterwards said some very friendly things to me; that was good, strange though my music may have remained to him.**

(Arnold Schönberg, *Mein Publikum*, 1930)

**I was always proud of Puccini's visit to the *Pierrot* performance. The fact that he came up to me was certainly a sign of upstanding character – and great kindness.**

(Schönberg to Luigi Dallapiccola, September 1949)

***Pierrot lunaire* is not to be sung! Song melodies must be balanced and shaped in quite a different way from spoken melodies. You would entirely distort the work if you had it sung, and everyone who said "That's no way of writing for singing!" would be right.**

(Schönberg to Alexander Jemnitz, April 1931)

**The pitches in the *Pierrot* depend on the range of the voice. They are important to consider but not to be "kept strictly". One can divide the range of the voice into as many parts, when half-tones are used; perhaps then each distance is only one ¾tone. But this need not be carried out pedantically because the pitches have no harmonic relationships.**

(Schönberg to Josef Rufer, December 1923)

**I do not know whether you are familiar with the records that I made of it. In some respects – tempo, presentation of mood, and above all the playing of the instrumentalists – they are really good, even very good. They are not so good with respect to the balance of instruments and recitation. I was a little annoyed by the idea of overemphasis on the speaker – who after all, never sings the theme, but, at most, speaks against it, while the themes (and everything else of musical importance) happens in the instruments.**

(Schönberg to Hans Rosbaud, February 1949)

Arnold Schönberg & Pierrot-Ensemble, Venedig | Venice 1924

*Pierrot lunaire* op. 21, Dirigierpartitur | Conducting score, Wien 1914

DER ERSTEN INTERPRETIN
FRAU ALBERTINE ZEHME
IN HERZLICHER FREUNDSCHAFT

DREIMAL SIEBEN GEDICHTE

AUS ALBERT GIRAUDS

# PIERROT LUNAIRE

(DEUTSCH VON OTTO ERICH HARTLEBEN)

Für eine Sprechstimme
Klavier, Flöte (auch Piccolo), Klarinette (auch Baß=
Klarinette), Geige (auch Bratsche) und Violoncell

(MELODRAMEN)

von

## ARNOLD SCHÖNBERG

Op. 21

PARTITUR

Okt 1922 Prag
20/XI " Winterthur
1/XII " Zürich
4. XII " Genf
8. XII " T. Witkand – Blaricum bei Amsterdam
9/XII " Amsterdam
18/II. 1923 bei Frau Alma Mahler
Februar 1924 Hamburg
März "
März 1924 Italien: Rom I
" II
Neapel
Florenz
Venedig
Padua
Turin
Mailand
29. April 1925 Spanien Barcelona
8. Dec. 1927 Paris
15. " " "

Records made
September 24–26, 1940

U. E. 5334



UNIVERSAL=EDITION A.=G.
WIEN  LEIPZIG

# Arnold Schönberg: Pierrot lunaire
# Begleittext zur Schallplatte

Das Ensemble für diese Aufnahme des *Pierrot lunaire* wurde – aufgrund der hohen Qualität der Ensembles, die das Stück davor gespielt hatten – mit großer Umsicht ausgewählt. Eduard Steuermann, dessen Interpretation unübertreffbar scheint, spielte 1912 als erster den Klavierpart. Er nahm an fast allen folgenden Aufführungen in Italien und Frankreich teil. Er gehörte auch zum Ensemble des *Vereins für musikalische Privataufführungen*, das – unter der Leitung von Erwin Stein und mir selbst – in den letzten 20 Jahren über hundert Aufführungen gab. Seit damals übernahm Erika Wagner-Stiedry stets den Vokalpart (mit wenigen Ausnahmen, unter denen ich vor allem die große Marie Gutheil-Schoder erwähnen möchte), was beweist, welch große Genugtuung mir ihre Interpretation immer verschafft hat.

Es ist vielleicht interessant zu erwähnen, dass Hans Keller – derzeit Dirigent in Washington D. C. – als erster Cellist die enormen Schwierigkeiten des Celloparts in unvergesslicher Weise meisterte. Ihm folgten andere Cellisten, die später Weltruhm erlangten: Emmanuel Feuermann (unter der Leitung von Klemperer); Gregor Piatigorsky (mit Arthur Schnabel am Klavier und Fritz Stiedry als Dirigent); Benar Heifetz, früher Cellist des Kolisch Quartetts. Ich darf auch nicht den Klarinettisten Victor Polatschek, inzwischen beim Boston Symphony Orchestra, vergessen.

Doch vor allem muss über Rudolf Kolisch gesprochen werden. Von dem Umstand, dass er mein Schwager ist, will ich ganz absehen; was zählt ist, dass er mein Schüler war; was noch mehr zählt ist, dass er den Violin- und Violapart des *Pierrot lunaire*, seit 1921 zusammen mit Erika Stiedry und Eduard Steuermann spielt; was aber am meisten zählt ist, dass er an jeder einzelnen der zweihundert Proben teilnahm, obwohl er sie selbst gar nicht brauchte. Er kennt diese Musik besser als ich selbst, und ich war außerordentlich glücklich, dass er das neue Ensemble für diese Aufnahme vorbereitete.

Ich möchte einräumen, dass mein bescheidener Beitrag zu dieser Aufnahme vielleicht im Geist liegt, in dem ich das Werk komponierte – denn dieser fällt selbstverständlich in den Kompetenzbereich des Komponisten. Unter den Dirigenten, die Aufführungen des *Pierrot lunaire* leiteten, sind zwei Komponisten, Darius Milhaud und Louis Gruenberg, der berühmte deutsche Dirigent Hermann Scherchen sowie zwei amerikanische Kapellmeister, Frederick Stock aus Chicago und der große Pionier Leopold Stokowski.

**Arnold Schönberg dirigiert | conducting *Pierrot lunaire***
Zeichnung von | Drawing by Benedikt Dolbin

**Mr. Posella (Flöte), Mr. Kalman Bloch (Klarinette) und Mr. Stefan Auber (Cello) haben dazu beigetragen, diese Aufführung auf einem Niveau zu halten, das auch den feinsinnigsten, kritischsten Kenner zufrieden stellen wird.**

(Columbia Masterworks, Set M-461, 1942)

# Arnold Schönberg: Pierrot lunaire. Recording notes

**The ensemble which recorded *Pierrot lunaire* has been chosen with great care because of the high quality of preceding ensembles that played this piece. Eduard Steuermann, whose performance seems to be unsurpassable, was the first to play the piano part in 1912. He participated in almost all subsequent peformances in Italy and France. He also belonged to the ensemble of the *Verein für musikalische Privataufführungen* (Society for Private Performances in Vienna), which, under the direction of Erwin Stein and my direction, played about one hundred performances in the last twenty years. Erika Wagner-Stiedry has performed the vocal part since that time, (with a few exceptions, of which I want to mention particularly the great Marie Gutheil-Schoder), and this proves the great satisfaction her performance has always given to me.**

**It may be interesting to mention that Hans Keller, now conductor in Washington, D.C., was the first cellist who mastered the enormous difficulties of the cello part in an unforgettable manner. Other cellists who subsequently achieved world fame: Emmanuel Feuermann (with Klemperer conducting), Gregor Piatigorsky (with Arthur Schnabel at the piano, and Fritz Stiedry conducting), Benar Heifetz, the former cellist of the Kolisch Quartet, have played the cello part. I must not forget also the clarinet of Victor Polatschek, now of the Boston Symphony Orchestra.**

**But a special word must be said about Rudolf Kolisch. I have to discount the fact that he is my brother-in-law; what counts is that he was my pupil; what counts still more is that he has played the violin and viola part in *Pierrot lunaire* since 1921, together with Erika Stiedry and Eduard Steuermann; and what counts most ist that he participated in every one of the two hundred rehearsals from the very beginning to the very end, although after the first five rehearsals he had no need for them for himself. He knows this music better than I myself know it, and I was indeed happy that he was the one who prepared the new ensemble for this recording.**

**I, personally, may admit that my humble contribution to this recording is, perhaps, the spirit in which I composed the work, which is, of course, within the competence of the author. Among conductors who directed performances of *Pierrot lunaire* are two composers, Darius Milhaud, Louis Gruenberg, the well-known German conductor, Hermann Scherchen, and two American orchestra leaders, Frederick Stock of Chicago and the great pioneer, Leopold Stokowksi.**

**Arnold Schönberg und | and Erika Stiedry-Wagner, New York 1940**

**Mr. Posella (flute), Mr. Kalman Bloch (clarinet) and Mr. Stefan Auber (cellist) have helped to keep the performance on a level satisfying to the most refined and critical connoisseur.**

(Columbia Masterworks, Set M-461, 1942)

# Gravitationszentrum Pierrot

**Diese unsagbar schöne Musik. Dieses Wunder an Klang und Ausdruck.**

(Anton Webern an Arnold Schönberg, Oktober 1912)

**Erst heuer habe ich doch eigentlich versucht direkt Deinen *Pierrot* zu copieren. Dass ich gerade so was Eigenes leiste, sagt mir Dein Urteil über meine Kompositionen.**

(Anton Webern an Arnold Schönberg, September 1917)

**Der Cyclus des *Pierrot lunaire* von Schönberg ist ein einzig dastehendes Werk, und es wäre zu wünschen, dass es so bliebe. Es enthält einige Meisterstellen und einige Genie-Momente. Es ist als ob es aus zerbröckelnden Bestandtheilen eines grossen Musikmechanismus zusammengestellt wäre, und als ob einige dieser Bestandtheile zu einer anderen Function angewendet würden, als der zu der sie ursprünglich bestimmt waren.**

(Ferruccio Busoni an Egon Petri, 1913)

**Das hervorragende und berühmte Werk [...] bildet ohne Zweifel eine der wichtigsten Etappen in der modernen Musikgeschichte und nimmt in dieser eine Bedeutung ein, welche an die Seite zu stellen ist, der Bedeutung des Kubismus in der Malerei und der Relativitätstheorie in der Wissenschaft. [...]**

**Beim Anhören dieses wunderbaren klangreichen Spieles muß man sich vor allem dem Eindrucke des Ohrs widerstandslos hingeben und sich nach und nach von dieser außergewöhnlichen, schwingenden Sprache durchdringen lassen, so wie ein Narkotikum nacheinander die Türen des Traumes und der Irrealität erschließt. [...]**

**Im Grunde genommen [...] offenbart sich der Schönberg des *Pierrot lunaire* [...] vor allem als ein Romantiker, ausgerüstet mit den neuesten technischen Mitteln. Um mehr noch zu sagen: als ein Wiener Romantiker, in welchem die alte Empfindsamkeit eines Brahms, Schubert, selbst eines Haydn und Mozart wiederauflebt. Andererseits ist dann der Schatten des Schumann'schen *Carnaval* hinter dieser phantasmagorischen Aufeinanderfolge von anekdotenhaften Visionen nicht so schwer zu erkennen.**

(Alfredo Casella, *Arnold Schönberg und der Pierrot lunaire*, anlässlich der italienischen Erstaufführung, 1924)

**Man braucht sich nie davor zu fürchten, etwas nachzuahmen. Ich habe mich in die Schule Schönbergs begeben, um meine *Poèmes de Mallarmé* zu schreiben.**

(Maurice Ravel, *La revue musicale*, 1931)

**Ich war überhaupt nicht begeistert vom Ästhetizismus des Werkes, der mir wie eine Rückkehr zur abgelaufenen Phase des Beardsley-Kultes erschien. Dagegen ist die instrumentale Könnerschaft dieser Partitur in meinen Augen unbestreitbar.**

(Igor Strawinsky, *Chroniques de ma vie*, 1935)

***Pierrot* ist das Nervenzentrum wie auch der Geist der Musik des frühen 20. Jahrhunderts.**

(Igor Strawinsky, mitgeteilt durch Robert Craft, 1968)

**Eine Art von Kammermusik, die mir äußerst gefiel; ich hielt [...] die Art des Musizierens für großartig. Das hat mich jahrelang aufs äußerste beeindruckt, das, was ich die Fortsetzung des durchbrochenen Kammermusikklanges nannte, den ich von Mozart her sehr liebte.**

(Hanns Eisler, mitgeteilt durch Nathan Notowicz, 1971)

***Pierrot* ist ein Zwischenfach, für das es heute so gut wie keine Schule und keine Tradition gibt. [...] Sicher ist er ein Stück, das einen – hat man sich einmal darin vertieft – nicht mehr losläßt.**

(Friedrich Cerha, *Zur Interpretation der Sprechstimme in Schönbergs Pierrot lunaire*, 1974)

***Pierrot lunaire* ist Schönbergs berühmtestes Werk, der Mittelpunkt, um den sich alle anderen Werke gruppieren; es steht außer Frage, dass der *Pierrot* trotz der Bedeutung dieser anderen Kompositionen ein Gravitationszentrum bildet. [...] Was den [...] Instrumentalsatz angeht, befindet Schönberg sich auf dem Höhepunkt seiner Erfindungsgabe und seiner Originalität: er organisiert eine freie Sprache mit Hilfe von Klangfiguren, die mehr oder weniger stark ausgeprägte thematische Tendenzen aufweisen, und er verwendet bisweilen die strengsten kontrapunktischen Formen. [...]**

**Wir werden ihm für *Pierrot lunaire* immer dankbar sein ...**

(Pierre Boulez, *Anhaltspunkte*, 1979)

## Gravitational center Pierrot

**This unspeakably beautiful music. This miracle of sound and expression.**

(Anton Webern to Arnold Schönberg, October 1912)

**This year I have in truth tried again to follow your *Pierrot* directly. Your judgement of my compositions tells me that I am achieving something really of my own.**

(Anton Webern to Arnold Schönberg, September 1917)

**Schönberg's *Pierrot lunaire* cycle is a work that stands alone and one hopes it will remain so. In it one finds masterful passages and some moments of genius. As if a large musical mechanism had been assembled from crumbled ingredients, and as if some of these ingredients have been put to uses other than those for which they were originally designed.**

(Ferruccio Busoni to Egon Petri, 1913)

**The outstanding and famous work [...] represents without doubt one of the most important stages in modern music history and assumes a significance here which can be placed on the same level as the importance of cubism in painting and the theory of relativity in science. [...]**

**When you listen to this work with its wonderful, rich sound, you have to allow yourself above all to be taken over by the impressions heard by the ear and accept the pervasion of this extraordinary, vibrating language; like a narcotic opening the doors one by one to dreams and irreality. [...]**

**Basically [...] the Schönberg of *Pierrot lunaire* reveals himself [...] above all as a romantic, equipped with the latest technical means. Furthermore: as a Viennese romantic, in which the old sensibility of Brahms, Schubert, even Haydn and Mozart, is revived. On the other hand, the shadow of Schumann's *Carnaval* is not so difficult to recognize behind this phantasmagorical succession of anecdotal visions.**

(Alfredo Casella, *Arnold Schönberg and Pierrot lunaire*, for the Italian premiere, 1924)

**You should never be afraid of imitating. I joined the Schönberg school to write my *Poèmes de Mallarmé*.**

(Maurice Ravel, *La revue musicale*, 1931)

**I did not feel the slightest enthusiasm about the esthetics of the work, which appeared to me to be a retrogression to the out-of-date Beardsley cult. But, on the other hand, I consider that the merits of the instrumentation are beyond dispute.**

(Igor Stravinsky, *Chroniques de ma vie*, 1935)

***Pierrot* ist the solar plexus as well as the mind of early twentieth-century music.**

(Igor Stravinsky, cited from Robert Craft, 1968)

**A kind of chamber music which I found extremely pleasing; I considered [...] this way of making music magnificent. For years it extremely impressed me, what I called a continuation of the filigree chamber-music sound, of which I was very fond from Mozart.**

(Hanns Eisler, cited from Nathan Notowicz, 1971)

***Pierrot* is a transitional discipline, a Zwischenfach for which there is neither school nor tradition to speak of today. [...] It is certainly a work which – once you have become immersed in it – never lets you go again.**

(Friedrich Cerha, *Zur Interpretation der Sprechstimme in Schönbergs Pierrot lunaire*, 1974)

***Pierrot lunaire* is Schönberg's most famous work, the central point around which all other works are grouped; it is beyond dispute that – despite the significance of these other compositions – *Pierrot* forms a gravitational center. [...] As far as the [...] instrumental writing is concerned, Schönberg is at the zenith of his inventiveness and his originality: he organizes free language using sound figures that display more or less pronounced thematic tendencies, and he occasionally uses the strictest contrapuntal forms. [...]**

**We are certainly indebted to him for his *Pierrot lunaire* ...**

(Pierre Boulez, *Anhaltspunkte*, 1979)

# Felix Müller / Conrad Felixmüller (1897–1977)
# Pierrot lunaire, 1913

## Holzschnitte nach der gleichnamigen Musik von Arnold Schönberg

**Von diesem noch nie vorher gehörten Klangreichtum [...] war ich so fasziniert, daß mir aus der Fülle dieser Eindrücke Bilder zuwuchsen, die ich versuchte zu gestalten [...] im Schwarz-Weiß des Holzschnittes, in vereinfachten Formen dieses künstlerischen Mittels meine musikalisch und literarisch erlebten Visionen und Szenen vom »Pierrot Lunaire« wiederzugeben. Die Resultate gehen weit über meine damals notwendigen, naturalistischen Studienarbeiten hinaus. Das ›expressionistische‹ von Musik, melodramatischem Vortrag machten mich zum expressionistischen Gestalter.**

(Conrad Felixmüller, *Legenden 1912–1976*)

## Woodcuts after impressions of Arnold Schönberg's music

**I was so fascinated by this richness of sonority, which I had never heard before, that the myriad of my impressions solidified into pictures, to which I tried to give form [...] to reproduce the visions and scenes from my literary and musical experience of "Pierrot Lunaire" in the black-and-white of the woodcuts, in the simplified forms of this artistic medium. The results far surpass those of my naturalistic student-works, which were necessary in their time.**

(Conrad Felixmüller, *Legenden 1912–1976*)

**Titel | Pierrot | Valse de Chopin | Madonna**
**Gebet an Pierrot | Galgenlied | Heimweh**

# PIERROT · LUNAIRE

Holzschnitte von
Felix Müller.
Nach Eindrücken der
gleichnamigen Musik von.
Arnold Schönberg
1913.

PIERROT

Madonna.

Heckel.

Gebet am Himmel.

Fellü.

Galgenkind.

# Kaufmännischer Verein Regensburg E. V.

Die durch fanatische Anhänger und Gegner seiner Kunst gelegentlich der Aufführungen des „Pierrot Lunaire“ in Wien und Prag hervorgerufenen ruhestörenden Scenen veranlassen Herrn Arnold Schönberg an seine Mitwirkung die Bedingung zu knüpfen, dass ihm absolute Ruhe während der Dauer des Musizierens garantiert wird und das Publikum darauf verzichtet, während der Pausen die Aufnahmefähigkeit zu untergraben.

## 5. Vortragsabend

am Samstag, den 4. April 1914,
abends 8 Uhr, im „Neuen Haus“

# Arnold Schönberg -Abend.

## Bildnachweis

### Standorte

Arnold Schönberg Center, Wien
Titel, 9, 17–19, 22, 23, 34, 35, 38, 39, 44, 45, 51, 57, 60, 61, 65, 71–77, 80
The Library of Congress, Washington D.C.
8, 12, 26, 27, 53, 56
Österreichische Nationalbibliothek, Wien
43

### Copyright

Belmont Music Publishers
23, 35, 39
Österreichische Nationalbibliothek, Wien
43
Universal Edition A. G., Wien
Titel, 7, 27, 29, 31, 34, 44, 45, 49, 51, 53, 61
VBK, Wien 2012
71–77